Jenny Smedley
Unsterbliche Freunde

JENNY SMEDLEY

Unsterbliche Freunde

Wie Tierseelen uns beschützen

Aus dem Amerikanischen übersetzt
von Angelika Hansen

Allegria

Die Originalausgabe erschien 2011
unter dem Titel PETS ARE FOREVER
im Verlag Hay House, Inc., Carlsbad, CA, USA

Allegria ist ein Verlag der Ullstein Buchverlage GmbH

ISBN: 978-3-7934-2241-9

© der deutschen Ausgabe 2013
by Ullstein Buchverlage GmbH, Berlin
© der Originalausgabe 2011 by Jenny Smedley
Übersetzung: Angelika Hansen
Lektorat: Marita Böhm
Umschlaggestaltung: FranklDesign, München
Titelabbildung: Hay House Inc.
© Innenillustrationen: Fotolia
Gesetzt aus der Garamond
Satz: Keller & Keller GbR
Druck und Bindearbeiten:
CPI – Clausen & Bosse, Leck
Printed in Germany

*Alle Lebewesen auf diesem Planeten sind auf
einer tiefen Ebene miteinander verbunden.
Daher würden wir zu einer besseren und
sicheren Zukunft für uns selbst und diese Welt
beitragen, indem wir allen Seelen, die hier leben,
wohlwollend gesinnt sind.*

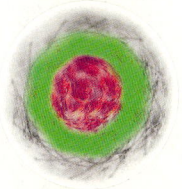

Die Seele ist in allen Lebewesen gleich,
auch wenn der jeweilige Körper unterschiedlich ist.

Hippokrates

Manche sagen, dass das Wissen um die natürliche Macht von
Tierführern verloren gegangen ist. Das stimmt nicht.
Viele Menschen denken, Tiere seien nicht spirituell – dass sie
weder Geist noch Seele haben. Die meisten gehen davon aus,
dass Tiere weniger intelligent sind als Menschen, wild und
ohne soziale Beziehungen oder Gewissen.
Das stimmt nicht.

Grandfather Lee Standing Bear Moore
(durch seinen Freund Takatoka)

INHALT

Vorwort

Jenny Smedleys Name ist seit Langem Tierfreunden in aller Welt bekannt, doch lassen Sie mich denen, die ihren Namen noch nie gehört haben, ein wenig mehr dazu erklären. Ihre These – dass Tiere genau wie Menschen eine Seele haben – kann leicht als reine »Sentimentalität« abgetan werden. Doch die Leichtigkeit und der Humor vieler der Anekdoten in diesem Buch zeugen von der Kraft, die das Zeichen einer sehr wichtigen und immer schneller um sich greifenden Revolution in unserer Einstellung zu den anderen Spezies ist, mit denen wir diese Erde teilen. Während meiner Arbeit für die Organisation »Animal Welfare« in den letzten Monaten habe ich eine sehr klare Einsicht gewonnen. Wir alle wachsen heran, verlassen unser Elternhaus und sind sicher, dass unser Glaubenssystem allgemeingültig ist, unterstützt durch nachprüfbare Beweise und logische Argumente. Doch für die große Mehrheit von uns könnte nichts weiter von der Wahrheit entfernt sein. Wir müssen nicht sehr lange in unserem täglichen Verhalten suchen, um zu erkennen, dass es von Gewohnheiten dominiert ist – ein ganzes System von Verhaltensmustern, die wir von unseren Eltern oder Betreuern in unserer frühen Kindheit gelernt und nur geringfügig selbst modifiziert haben, häufig als Reaktion auf Druck seitens unserer Freunde, als wir älter wurden.

Diese Verhaltensmuster basieren auf in der Regel nicht infrage gestellten Überzeugungen, von denen viele sich auf die Art und Weise beziehen, wie wir mit Tieren umgehen. Viele von uns essen täglich das Fleisch von Tieren, beruhigt vom Echo der Stimmen unserer Eltern in unserem Kopf: »Du brauchst dein Protein!« ... »Es ist gut für dich.« ...

Trotz der Fülle klarer Beweise, die besagen, dass eine vegetarische Ernährungsweise viel gesünder für unseren Körper und segensreicher für die Gesundheit unseres Planeten ist und – wenn alle Menschen sich vegetarisch ernähren würden – in hohem Maße das Leiden von Tieren reduzieren würde, bestehen diese alten Glaubenssätze und Verhaltensweisen weiter. Aah – das *Leiden* von Tieren? Das ist der Punkt, wo wir uns der Sentimentalität, der »Vermenschlichung« schuldig machen. Vielen von uns wurden in der Jugend offene oder implizite Botschaften weitergegeben wie zum Beispiel: »Tiere leiden nicht auf die gleiche Weise wie wir.« Oder: »Tiere sind da, damit wir sie nach Gutdünken benutzen können.« Oder: »Tiere sind schmutzig.« Oder: »Manche Tiere sind bösartig, manche sind nur Ungeziefer und Schädlinge, die *kontrolliert* werden müssen.« Oder: »Es ist heldenhaft, Tiere zu töten.« Also werden jeden Tag Millionen von Rindern, Schweinen etc. auf das Schlimmste misshandelt; Millionen Tiere werden für entsetzliche Experimente benutzt, um Menschen ein längeres Leben zu ermöglichen oder um sie hübscher aussehen zu lassen; und die letzten wilden Tiere, die es noch auf der Erde gibt, haben keinerlei Rechte – sie können verfolgt, gefangen, in Fallen gelockt, erschossen oder auf Befehl des Menschen von Hunden zerrissen werden. Selbst ein flüchtiger Blick eines zu Besuch weilenden Außerirdischen würde diesen zu dem Schluss verleiten, dass die menschliche Rasse, die sich lachhafterweise selbst mehr oder weniger als die einzig wichtige Spezies auf dem Planeten betrachtet, sich als die Spezies mit den schlimmsten Manieren herausstellt. Der Außerirdische würde daraus schließen, dass unsere Verhaltensweisen in erster Linie vom Instinkt beherrscht werden und dass wir, während wir uns anatomisch kaum von den anderen Säugetieren auf der Erde unterscheiden, uns nicht nur weigern, ihre Ähnlichkeit mit uns zuzugeben, sondern auch, ihnen das Recht zuzugestehen, in Frieden zu leben und zu atmen. Jonathan Safran Foer machte mich in seinem Buch *Eating Animals* (dt.: *Tiere essen*) auf einen Begriff aufmerksam, den ich vorher noch nie gehört hatte: *anthropodenial* – die unlogische Verleugnung der Tatsache, dass die Tiere in unserer Umgebung beinahe genau wie wir sehen, hören und fühlen können; außerdem empfinden sie Vergnügen, Wohlbehagen, Schmerz und Angst; und es ist die Verleugnung dieser Tatsache, die jene, denen es an Mitgefühl mangelt, die Erlaubnis zu dem Versuch gibt, die von ihnen angewandte oder gutgeheißene Grausamkeit zu rechtfertigen.

All dies mag wenig mit einem Buch zu tun haben, das voller Leichtigkeit und Freude ist und Einsichten in das Denken, die Emotionen und abstrakten Gedanken von Tieren vermittelt. Doch während Sie in diese Geschichten eintauchen, werden Sie ständig Auslöser finden … Mahnungen, dass wir immer wieder die Edikte alter Denkweisen infrage stellen müssen. In meiner Sonntagsschule – ich war damals ungefähr 10 Jahre alt – lehrte man uns, dass »*nur Menschen Seelen haben – nur Menschen in den Himmel kommen*«. Diese Behauptung hat mich jahrelang gestört – sie schien in hohem Maße unfair zu sein, und ich wehrte mich erbittert gegen den Gedanken, dass meine Katze an der Himmelspforte abgewiesen werden könnte. Ja, selbst heute kommt mir manchmal noch dieser Gedanke. Natürlich gibt es keinerlei Beweise für diese Lehre, doch sie muss im Laufe der Jahrhunderte zahllose unnötige Akte von Grausamkeit und Vernachlässigung gegenüber Tieren gerechtfertigt haben. Beim Lesen jeder Seite dieses Buches finde ich die Bestätigung dafür, dass es sich bei der Behauptung, Tiere hätten keine Seele, lediglich um einen weiteren überholten Glaubenssatz handelt, der aus Mangel an Beweisen für immer entsorgt gehört. Nein! Mehr als das – der entsorgt gehört aufgrund eindeutiger Beweise für das Gegenteil, mit großem Können und Hingabe in diesem Buch erzählt.

Dessen können Sie sich sicher sein. Wie Ms. Smedley sagt ... *Auch Tiere haben eine Seele!*

Brian May
2010

Vorbemerkung

Mein Leben lang war ich besessen von Tieren und habe sie oft den Menschen, die ich kannte, vorgezogen. Es gab nie den Moment, in dem ich mich fragte, ob Tiere eine Seele haben wie wir, weil ich immer wusste, dass es so ist. Seit meinem ersten Buch *Pets Have Souls Too* und jetzt diesem Buch habe ich genügend Beweise gesehen, dass Tiere eine Seele haben, um in der Lage zu sein, jeden vernünftigen Menschen davon überzeugen zu können, mir zuzustimmen.

Manchmal sagen Menschen, dass in der Bibel nichts darüber geschrieben steht, ob Tiere eine Seele haben oder in den Himmel kommen. Doch das ist weder überraschend noch bedeutet es, dass sie nicht in den Himmel kommen. Schließlich wird die Bibel als ein Handbuch für Menschen betrachtet, dem sie folgen sollen, um die Gnade zu erlangen, in den Himmel eingehen zu dürfen – doch Tiere können nicht lesen, also warum sollte es im Handbuch für Menschen Instruktionen über das Seelenheil von Tieren geben? Sollten Sie noch Zweifel haben, dann versuchen Sie sich einen Himmel vorzustellen, in dem es keine Tiere gibt. Das ist unmöglich. Doch wie auch immer, es gibt Bibelzitate, die tatsächlich auf die Wichtigkeit und den spirituellen Wert von Tieren hinzuweisen scheinen, und diese Botschaften sind ohne Frage für uns Menschen bestimmt.

ZITATE ÜBER TIERE, DEN HIMMEL UND SPIRITUALITÄT

Denn es geht dem Menschen wie dem Vieh.

Prediger 3:19

Und ich sah den Himmel aufgetan; und siehe, ein weißes Pferd.

Offenbarung 19:11

Denn das ängstliche Harren der Kreatur wartet darauf, dass die Kinder Gottes offenbar werden. Die Schöpfung ist ja unterworfen der Vergänglichkeit – ohne ihren Willen, sondern durch den, der sie unterworfen hat –, doch auf Hoffnung; denn auch die Schöpfung wird frei werden von der Knechtschaft der Vergänglichkeit zu der herrlichen Freiheit der Kinder Gottes.

Römerbrief 8:19–21

Leben Tiere ewig? Haben sie wie wir eine unsterbliche Seele? Die wahre Frage müsste lauten: »Was zeichnet Lebewesen aus, damit sie nach ihrem Tod in den Himmel aufgenommen werden?« Für mich besteht die simple Antwort darin, dass sie eine Seele haben müssen, was bedeutet, dass sie die Fähigkeit gezeigt haben, zu lieben und Mitgefühl zu empfinden.

Am 4. Dezember 2008 zeichnete eine Überwachungskamera auf einer Autobahn in Santiago, Chile, folgendes Geschehen auf. Auf den ersten Blick sah es so aus, als würde es sich nur um eine weitere tragische Geschichte eines Unfallopfers handeln, als ein Hund über die Autobahn lief. Offensichtlich in blinder Panik, achtete er nicht auf den starken Verkehr, und bald passierte das Unvermeidliche: Der arme Hund wurde von zwei Autos angefahren und blieb bewusstlos und scheinbar schwer verletzt mitten auf der Fahrbahn liegen. Es sah aus, als würde das Tier bald nur noch ein Schmierfleck auf dem Asphalt sein, doch dann erscheint in einer Ecke des Kamerabildes ein anderer Hund. Er bleibt einen Moment stehen, so als würde er das

Problem einschätzen, und bahnt sich dann vorsichtig seinen Weg über die Fahrspuren zu dem bewusstlos daliegenden Hund. Er zeigt ein hohes Maß an Intelligenz, achtet er doch auf Lücken im Verkehr und nutzt sie schnell, um zu seinem Gefährten zu gelangen. An diesem Punkt werden die Bilder für mich sehr surreal, da der Retter-Hund seinen Gefährten nicht mit der Schnauze packt, so wie man das eigentlich bei einem Hund erwarten würde, sondern sich stattdessen hinter den Kopf des verletzten Gefährten stellt, jeweils ein Vorderbein an jeder Seite, die Pfoten unter den Achselhöhlen des verletzten Hundes. Dann bewegt er sich, einen mühevollen Schritt nach dem anderen und auf diese Weise seinen Freund ziehend, rückwärts über die Autobahn, wobei er sich jedes Mal, wenn er von einer Spur auf die nächste wechselt, vorsichtig umschaut und weiterhin den rasenden Autos ausweichen kann, bis er schließlich die Sicherheit des grasbewachsenen Seitenstreifens erreicht.

Leider fand dieses Wunder nicht wirklich ein Happy End, da der erste Hund offenbar schon kurz nach dem Zusammenprall seinen Verletzungen erlegen war, und sein Retter lief weg, bevor die Straßenarbeiter, die herbeieilten, um zu helfen, ihn in die Tierklinik bringen konnten. Doch es gibt viele Dinge in dieser Geschichte, über die es sich lohnt nachzudenken. Wie war der zweite Hund in der Lage, die Situation so intelligent einzuschätzen? Wenn er nur ein »dummes Tier« war, wie konnte er dann wissen, dass sein Freund Hilfe brauchte? Wenn er unfähig war zu lieben, warum sollte er sich dann um den anderen kümmern? Der Hund war anscheinend sehr clever, denn er brachte fertig, unbeschadet auf die dreispurige Autobahn zu laufen, sie zu überqueren und unverletzt wieder auf den Seitenstreifen zu gelangen. Doch als er den anderen Hund erreichte, muss er fähig gewesen sein zu spüren, dass es zu spät war, um dessen Leben zu retten; doch irgendetwas trieb ihn an, den Körper seines Freundes von der Autobahn wegzuschaffen. Warum würde es einen Hund interessieren, was mit einem toten Körper passiert, und es ihn veranlassen, ihn unter so schwierigen Bedingungen von der Straße zu ziehen, statt einfach sein eigenes Leben zu retten? Wollte er dafür sorgen, dass der Körper seines toten Freundes geehrt wurde? Wenn ja, handelt es sich dabei wohl kaum um den Gedankengang eines irrationalen Geistes. Warum bediente er sich einer gänzlich menschlichen Art und Weise, indem er den Hund von der Straße zog, statt ihn mit seinen Zähnen zu packen, was seine Überquerung der Autobahn um ein Vielfaches einfacher und schneller gemacht hätte? Doch von all diesen ungewöhnlichen Fragen bleibt die wichtigste offen: Warum entschloss der Hund sich überhaupt zur Rettung seines Gefährten? Darauf kann es nur eine Antwort geben: Er mochte den anderen Hund gern.

Kürzlich brachten die Zeitungen in England eine Geschichte über einen verwaisten weiblichen Orang-Utan (von Menschen verwaist), der in das Notaufnahmecenter eines Zoos gebracht worden war. Das Tier war ganz offensichtlich voller Trauer, denn Tiere fühlen Trauer, genau wie wir. Sie wollte nicht essen, und ihre Pfleger hatten den Eindruck, als würde sie bald aufgeben und sterben. Zur gleichen Zeit war ein kranker, ausgesetzter Hund in der Gegend gefunden worden. Die zwei Tiere fanden auf Anhieb eine Verbindung zueinander. Es machte nichts, dass sie unterschiedlichen Spezies angehörten. Vielleicht erkannte einer im anderen ähnliche Emotionen. Tatsache ist, dass dieses ungleiche Paar unzertrennbar wurde.

Im Internet fand ich kürzlich die Geschichte von zwei verwilderten Katzen. Die eine war von einem Auto angefahren worden und lag tot im Straßengraben. Ihre Gefährtin verblüffte Vorbeigehende, indem sie sich auf den Kopf ihres toten Freundes stellte und den Anschein erweckte, als würde sie Wiederbelebungsversuche durchführen, indem sie den Bauch des toten Tieres mit ihren Pfoten rhythmisch bearbeitete, so als würde sie versuchen, es wieder zum Atmen zu bringen. Zwei Stunden lang fuhr die Katze mit ihren Bemühungen fort, bevor sie es zuließ, dass der tote Körper beseitigt wurde.

Einige andere häufig zu beobachtende Eigenschaften, von denen ich glaube, dass sie das Recht der Tiere demonstrieren, im Himmel aufgenommen zu werden, sind unter anderem:

- Tiere sind nicht wertend, und sie beurteilen andere nicht aufgrund ihrer individuellen Erscheinung. Sie hegen keine Vorurteile gegenüber irgendjemandem anderer Rasse, sexueller Orientierung oder religiöser Überzeugung.

- Für Tiere spielt es keine Rolle, ob ihre Gefährten die gleiche Farbe haben wie sie oder eine andere. Ein schwarzer Hund wird genauso behandelt wie ein weißer Hund, und natürlich ist das nur vernünftig, denn unter ihrem Pelz und Fell sind sie gleich.

Die menschliche Sprache hat uns viele Vorteile gebracht, doch im Gegenzug hat sie uns von der natürlichen Kommunikation durch Körpersprache entfernt, der Art der Verbindung, auf die Tiere angewiesen sind. Wir könnten tatsächlich eine Menge von unseren Tierfreunden lernen, und dazu gehört nicht zuletzt, dass wir uns etwas öfter die

Frage stellen sollten: »Wer sind wir, dass wir behaupten können, wer oder wer nicht ein himmlisches Leben nach dem Tod verdient?« Ich empfinde es als meine Pflicht, diese Frage zu stellen, und aus diesem Grund habe ich dieses Buch geschrieben.

Einleitung

Mein Hund KC sagte mir kürzlich: »Wir sind genauso wie ihr. Wir sind genau wie Menschen«, und genau das ist die Botschaft dieses Buches. Tiere gleichen uns in der Art, wie sie fühlen, und in der Tatsache, dass sie unsterblich sind.

Jeder, der ein Haustier hat, egal welcher Spezies, und es liebt, weiß um den schrecklichen Schock, der mit dem Verlust eines Haustieres einhergeht. Es ist tatsächlich genauso schlimm, als würde man einen geliebten Menschen verlieren. Was nicht überraschend ist, da Haustiere uns eine Form bedingungsloser Liebe schenken, die einzigartig in unserer Welt ist. Tatsächlich wird sogar ein Tier, das sein Leben lang von seinem Besitzer schlecht behandelt worden ist, dem Betreffenden nach wie vor in Liebe und Hingabe zugetan sein.

KC ist während vieler Lebenszeiten in vielen verschiedenen Körpern an meiner Seite gewesen. In ihrer letzten Inkarnation vor der gegenwärtigen hatte ihre Seele im Körper von Ace, meiner Schäferhund-Labrador-Mischung, ein neues Zuhause gefunden. Ace war ein großer schwarzer Hund, und jeder, der sie auf dem Höhepunkt ihrer Kraft kennenlernte, konnte nicht umhin, entweder von ihrer Schönheit beeindruckt oder von ihrer Kraft eingeschüchtert zu sein. Welche dieser beiden Eigenschaften er wahrnahm, hing von den jeweiligen Absichten des Betreffenden ab. In der Regel war Ace das sanfteste aller Geschöpfe; sie säuberte und säugte sogar alle unsere neugeborenen Lämmer, die von ihren Müttern zurückgewiesen wurden; doch sobald jemand auch nur den Anschein vermittelte, mir oder dem Rest ihres »Rudels« zu nahe kommen zu wollen, verwandelte sie sich auf der Stelle in eine Tigerin.

Dieses Bild von ihr unterscheidet sich völlig von dem, das sich uns bot, als sie zu uns kam. Damals war sie ein verletztes, eingeschüchtertes dreizehn Wochen altes Fellbündel voller Angst. Ihr vorheriger Besitzer hatte sie versengt, und an der Brust und an einem Oberschenkel hatte sie fast kein Fell mehr. Das Tierheim, dem sie ihre Rettung verdankte, hatte Schwierigkeiten, ein neues Zuhause für die kleine Hündin zu finden. Den Leuten gefiel die Vorstellung nicht, mit einem angebrannten Hund an der Leine die Straße entlangzugehen, vielleicht weil sie befürchteten, dass Passanten denken könnten, sie selbst hätten das dem Hund angetan. Andere hatten versucht, sie bei sich aufzunehmen, doch empfanden sie als zu anhänglich, zu verzweifelt, zu verschreckt und im Grunde zu problematisch. Doch all das kümmerte uns nicht. Von dem Augenblick an, in dem dieser traumatisierte junge Hund die paar Meter vom Tierheim zu uns nach Hause lief und dann still zu meinen Füßen saß, so als würde er sagen: »Gott sei Dank bist du gekommen, es wurde auch Zeit«, waren wir ihm verfallen, mit Körper, Geist und Seele.

Es folgten ein paar Jahre, in denen sie mich entweder vor einem wütend gewordenen Widder oder einem Einbrecher rettete – und ich sie vor einem Schwarm wütender Wespen und vor dem Ertrinken in einem Fluss in der Nähe unseres Hauses. Wir lernten allmählich, einander bedingungslos zu vertrauen. Beinahe von Anfang an machte ich mir Sorgen darüber, wie ich jemals mit ihrem Verlust fertigwerden könnte – eine Sorge, die sich im Laufe der Jahre nur noch verstärkte. Es ist für den Besitzer ein grausamer Trick, Hunde zu haben, die nicht so lange leben wie er. Als es dann allerdings tatsächlich passierte, wie es unweigerlich passieren musste, und Ace leblos auf unserem Wohnzimmerteppich lag, konnte ich einfach nicht mit dem bodenlosen Abgrund fertigwerden, den ihre Abwesenheit in meinem Herzen hinterließ. Sechs Monate lang trauerte ich ununterbrochen, brach zu den verschiedensten Tageszeiten in Tränen aus und musste schluchzen, sobald meine Hand sich unwillkürlich nach ihr ausstreckte, nur um ins Leere zu greifen. Nie mehr, schwor ich. Ich würde nie mehr einen anderen Hund haben wollen. Zum einen wollte ich keinen anderen Hund, ich wollte nur sie. Und zum anderen wusste ich, dass ich nicht noch einmal einen solchen Verlust wie diesen ertragen könnte. Es war besser, dachte ich, nicht zu lieben und dann zu verlieren.

Ich irrte mich. Wir können nie zu viel Liebe in unserer Welt haben, trotz des Schmerzes, den sie mit sich bringen kann.

Tony und ich fuhren nach Arizona, in die wunderschöne und mystische Stadt Sedona, um unseren ersten Urlaub seit Jahren zu genießen. Dort gab mir eine Hellseherin ein Reading, in dessen Verlauf sie ungefragt Kontakt mit einem »großen schwarzen Hund mit grauen Schnurrhaaren« aufnahm. Mir wurde gesagt, dass dieser Hund »ein Funke meiner Seele« sei, und mit dieser Information wurde mir schlagartig eine Art Epiphanie zuteil. Ich begriff plötzlich eine der großen Wahrheiten. Wenn Haustiere so mit ihrem Besitzer verbunden sind, dass die Beziehung zwischen diesen beiden die Beziehung zwischen zwei Menschen beinahe transzendiert, und wenn das Verständnis zwischen ihnen so ungewöhnlich ist, dass es ans Telepathische grenzt, dann sind diese Tiere Funken, Teile der Seele ihres Besitzers. Der Trost darin, und was ich auf Anhieb fühlte, war die Erkenntnis, dass diese beiden nie wirklich getrennt werden können.

Manche Menschen haben mir von einem Gefühl erzählt, als hätten sie kurz nach dem Tod ihres geliebten

Haustieres einen leichten Schlag auf die Brust verspürt und dass dieser sanfte Schlag sie aus ihrer alles verschlingenden Depression geholt habe, die eine Folge des Verlustes seiner Gegenwart war. Dieser »Schlag« ist das Gefühl, das sie empfinden, wenn der Funke ihrer Seele, der Funke, der in ihren Tieren lebt, zu ihnen zurückkommt. Es ist eine Wiedervereinigung auf spiritueller Ebene und macht den Betreffenden wieder »ganz«. Kein Wunder, dass der Schmerz so tief und verheerend ist, wenn ein so geliebtes Haustier stirbt. Kein Wunder, dass ein Mensch in dieser Lage sich fühlt, als würde ihm ein Teil von ihm selbst fehlen, denn genau das ist der Fall.

Darüber hinaus teilte mir das Medium mit, dass Ace sagte: »Heute bin ich wieder jung.«

Wir verstanden die wahre Bedeutung dieser Worte erst, als wir wieder zu Hause waren und von einem Wurf von »Springadors« (einer Kreuzung zwischen Springer Spaniel und Labrador) hörten, der genau an dem Tag zur Welt gekommen war, als ich das Reading in Arizona hatte. Als wir die Kleinen zum ersten Mal sahen, beschlich uns ein Gefühl von Déjà-vu, als sich ein eigenartig stilles Hundebaby mir gegenüber genau so verhielt, wie Ace es getan hatte, als wir sie zum ersten Mal gesehen hatten.

Als sich das Kleine in meinen Armen umdrehte und sein rosafarbenes Bäuchlein zeigte, sahen wir, dass ihm eine Zitze fehlte – die gleiche Zitze, die Ace in einer Operation ein paar Jahre vor ihrem Tod eingebüßt hatte. Doch das war noch nicht alles. Ein paar Wochen später erhielt ich eine Zeichnung von einer medial begabten Künstlerin namens June-Elleni Laine. Sie sagte, die Zeichnung sei von einem schwarzen Deutschen-Schäferhund-Labrador-Mischling mit der Botschaft »Das bin ich« gekommen. Die Zeichnung stellte bis ins letzte Detail eine genaue Wiedergabe des neuen Hundebabys dar, dem wir den Namen KC gegeben hatten. Ace war in einem neuen Körper zu uns zurückgekehrt.

ERSTAUNLICHE KONVERSATIONEN
MIT HUNDEN

Kürzlich hatten wir Besuch von Jackie Weaver, die für ihre Kommunikation mit Tieren bekannt ist. Sie sammelte Material für ihr neues Buch, *Celebrity Pet Talking*, und wollte ein Reading mit KC machen, um es in ihrem Buch wiederzugeben. Es war eine außergewöhnliche Erfahrung. Natürlich bin ich in der Lage, auf täglicher Basis mit KC zu kommunizieren, doch ist es manchmal – wie bei allen außersinnlichen Readings und vor allem dann, wenn man dem Betreffenden sehr nahesteht – schwierig, genau zu wissen, wie viel Ihres persönlichen Wissens sich auf Ihre Gefühle auswirkt, sobald es um die wichtigen Fragen geht. Was Jackie betrifft, so wusste sie nicht das Geringste von KC, daher war alles klar und einfach und konnte nicht missverstanden oder falsch interpretiert werden. Für mich untermauert die Tatsache, dass Menschen mit Tieren kommunizieren können, den Beweis, dass auch sie eine Seele haben. Als Jackie kam und schlüssig bewies, dass sie tatsächlich mit KC »sprechen« konnte, war dies eine wunderbare Bestätigung dessen, was ich bereits wusste. Jackie war in der Lage, KCs Lieblingsspaziergang zu beschreiben, die genaue Formulierung einer liebevollen Anrede, mit der ich KC täglich überschüttete, und die exakte Stelle von KCs früherer Lähmung – wobei all diese Dinge in den Augen des Skeptikers lediglich extrem gute Vermutungen sein konnten. Als Jackie also den nächsten Punkt ansprach, war ich sehr froh, weil ich den sehen möchte, der da noch Zweifel haben kann: Jackie fragte KC, ob ich jemals irgendetwas getan hatte, was sie beeindruckt hatte, und ob es irgendetwas gab, das ich getan hatte und von dem sie dachte, ich hätte ein Talent dafür. KC »sagte« ihr mental, dass es sie sehr beeindruckt hatte zu sehen, wie ich mich bemüht hatte, bestimmte Formen und Details auf etwas zu zeichnen, was sie als zwei Kreise beschrieb, die ein wenig wie Teile einer Maschine aussahen, die ganze Zeit untermalt von einem ruhig »summenden« Geräusch. Was Jackie nicht wusste, auf keinen Fall wissen konnte, war die Tatsache, dass ich am vorhergehenden Tag ein paar Stunden am Computer gesessen und eine CD-Hülle für meine liebe Freundin Madeleine Walker entworfen hatte (Jackie kennt Madeleine nicht). Das Design hatte mit einem doppelten Kreis zu tun, um den und in dem verschiedene verschlungene symmetrische Formen wie Herzen, Sterne und Monde angeordnet waren. Diese Arbeit kostete mich viel Zeit und Mühe, da es das erste Mal war, dass ich mich an einem solchen Design versuchte. KC hatte die ganze Zeit neben mir gesessen, alles beobachtet und dem unentwegten »Summen« des surrenden Gehirns meines Computers gelauscht. Für mich war diese Botschaft ein unwiderlegbarer Beweis, dass Jackie in der Lage war, mit meinem Hund zu kommunizieren.

ROMANTIKER?

Manche Skeptiker werden mich wahrscheinlich als »Romantikerin« abstempeln – pure Emotion, null Wirklichkeitssinn. Dem ist nicht so. Doch liebe ich nicht nur alle Tiere, sondern ich respektiere sie und den ihnen gebührenden Platz in der Welt.

In letzter Zeit ist vor allem in England viel über Füchse geschrieben worden. Einige Menschen betrachten sie als

Teil der Natur und freuen sich an ihrer Schönheit. Andere sehen sie als Bedrohung ihres Lebensunterhaltes oder sogar ihrer Person. Manche wollen die Füchse schützen, andere sie erbarmungslos ausrotten. Einige dieser Leute sind es, die sich tatsächlich durch pure Emotion und null Wirklichkeitssinn auszeichnen. Eine andere Kreatur zu töten ist bisweilen notwendig, nicht aber, dieses Töten zu genießen und es als Sport zu betrachten. Was mich betrifft, so akzeptiere ich alle Teile und alle Aspekte der Natur des Fuchses, wie ich in den folgenden beiden Geschichten zeigen kann.

DIE MUTIGSTE ENTE

Lange Zeit hielten wir zu Hause Enten wegen ihrer Eier, und hin und wieder hatten wir Besuch von einem Fuchs. Eines Tages übersahen wir ein Loch im Maschendraht, als wir das Haus verließen und erst Stunden später zurückkamen. Der Fuchs hatte sich durch das Loch hineingezwängt und tatsächlich jede Ente angegriffen oder getötet. Aus Spaß? Nein. Er tat es, um zu überleben.

Wir nahmen die Schuld für den Tod des Geflügels auf uns, denn, wie ich ehrlich zugeben muss, wir hatten ein »Selbstbedienungsrestaurant« mitten im Territorium der Füchse gebaut (indem wir einen Hühnerstall aufgestellt hatten), daher konnten wir ihnen nicht vorwerfen, das Angebot probieren zu wollen. Ich hatte es immer als unsere Aufgabe empfunden, für die Sicherheit der Enten zu sorgen. Natürlich waren wir sehr traurig, bei unserer Rückkehr einen Hühnerstall vorzufinden, in dem kein Leben mehr war und die Vögel in einer Reihe neben dem Loch im Zaun tot auf dem Boden lagen. Doch nun waren sie tot, also ließen wir sie liegen, und der Fuchs kam mehrmals zurück, um die Vögel einzusammeln und die Vorratskammer in seinem Bau aufzufüllen. Der einzige Grund, warum Füchse alle Beutetiere töten und sie dann zurücklassen, was manche Menschen zu dem Glauben veranlasst, dass sie aus reiner Mordlust töten, scheint darin zu liegen, dass sie bei ihrem Tun gestört werden. Ungestört würden sie immer nur so viel töten, wie sie zum Überleben brauchen.

Ich sage zwar, dass der Fuchs alle unsere Enten auf dem Gewissen hat, doch das stimmt nicht: Eine von ihnen überlebte. Der Fuchs hatte sie in den Hals gebissen, und obwohl der Tierarzt in der Lage war, ihr Leben zu retten, konnte er nichts tun, um den erlittenen Nervenschaden zu heilen. Wir dachten daran, sie sanft einschläfern zu lassen, doch nachdem wir sie eine Weile beobachtet hatten, konnten wir uns nicht zu dieser »Lösung« durchringen.

Denn diese Ente legte mehr Mut und Entschlossenheit an den Tag als jedes andere Tier, das mir jemals begegnet war. Sie versuchte zu laufen, und aufgrund des Nervenschadens im Halsbereich verlor sie das Gleichgewicht und kippte hintenüber. Doch unverzagt stellte sie sich erneut auf die Füße und versuchte es wieder und wieder und gab nicht auf. Wie konnten wir ihr da nicht eine Chance geben? Wundersamerweise war sie nach und nach tatsächlich in der Lage, zunehmend länger das Gleichgewicht zu halten, und nach ein paar Wochen wies nur noch eine leichte Verkrümmung ihres Halses auf das erlittene Martyrium hin. Diese kleine Ente lehrte mich eine Menge über Beharrlichkeit und Ausdauer; und auf den Fuchs verspürte ich keinen Hass, denn er hatte nicht in böser Absicht gehandelt.

DIE RETTUNG VON MR. FOX

Als wir vor ein paar Jahren in Somerset umzogen, achteten wir darauf, dass das Haus nicht mitten in einem Jagdgebiet lag. Überall um uns herum war das Jagen nicht erlaubt, weder mit Gewehren noch mit Hunden. Wir würden also nicht gezwungen sein, Zeugen irgendwelcher Grausamkeiten zu werden. Zumindest dachte ich das.

Eines Dienstagnachmittags saß ich im Wintergarten und dachte darüber nach, dass es komisch war, dass alle Fasane in der Umgebung sich in unserem Garten zu versammeln schienen. Mein lieber Mann Tony meinte immer spaßeshalber, dass ich sie eingeladen hatte. Wir konnten zwar Gewehrschüsse hören, doch nur in weiter Ferne, und die Vögel wären überall in unserem Dorf in Sicherheit gewesen. Doch jeden Tag kamen die Tiere zu Dutzenden, männliche und weibliche. Tony sagte, dass sie von meinen Gedankenwellen angezogen würden und wüssten, dass sie in meiner Nähe sicher sind. Vielleicht hatte er recht, denn es dauerte nicht lange, bis sich auch ein Pfau in voller Pracht dazugesellte, und dann, unglaublich, aber wahr, ein paar Moorhühner, obwohl es in unserem Garten kein Gewässer gab!

Wie auch immer, zurück zu jenem Dienstag. In der Ferne konnte ich ein eigenartiges Geräusch hören, und nach einer Weile kamen wir überein, dass es sich um ein Jagdhorn handelte. Wir konnten weder Pferde noch Reiter sehen, obwohl unser Haus ziemlich hoch liegt, also nahmen wir an, dass die Jäger viele Meilen entfernt waren. Auf die Jäger traf das zu, jedoch nicht auf ihre Jagdhunde. Heutzutage folgen Jagden bestimmten künstlich gelegten Spuren, da Jagen zu Recht verboten wurde; doch Hunde folgen nicht immer der vorgegebenen Geruchsspur, und es kann passieren, dass sie die Witterung eines »lebenden« Tieres aufnehmen. Diese

Jagdhunde sind bekanntermaßen schwer zu kontrollieren, sobald sie eine Witterung aufnehmen, und es gelingt den Jägern nicht immer, sie auf die vorgegebene Spur zurückzuholen. Aus diesem Grund sollte meiner Meinung nach das Gesetz verschärft werden.

Der erste Hinweis, dass es Schwierigkeiten geben würde, zeigte sich, als ich die telepathische Stimme eines Fuchses in größter Not deutlich hörte. Er schrie buchstäblich in wilder Panik auf. Ich trat ans Fenster.

»Was war das?«, fragte Tony.

»Ein Fuchs – sie haben einen Fuchs ...«, erwiderte ich. »Komm mit!«

Ich rannte hinaus, Tony folgte mir. Wir konnten nichts sehen. Doch dann hörten wir die Hunde, wie sie bellend und keuchend näher kamen. Innerlich rief ich dem Fuchs zu: »Komm her, mein Junge, komm her!« Ich spürte, dass es sich um einen Fuchsrüden handelte. »Er kommt!«, schrie ich und lief ans Ende unseres Gartens, der ungefähr einen Hektar groß ist, mein Mann mir auf den Fersen.

Im nächsten Moment brach der Fuchs durch die Hecke und stand keuchend vor uns. Ich schaute hinüber auf die andere Seite zu einem dichten Gebüsch. Der Fuchs begriff, rannte darauf zu und verschwand im Gebüsch.

Eine knappe Minute später schossen ungefähr 20 Jagdhunde in unseren friedlichen Garten. Mit der Nase am Boden und ohne uns zu beachten, folgten sie der Witterung direkt zu dem Gebüsch, wo der Fuchs sich versteckt hatte. Jagdhunde sind von beachtlicher Größe und Kraft, und 20 Hunde sind viel, egal wie groß sie sind. Ich pflanzte mich zwischen den Hunden und dem Fuchs auf. Es war völlig ausgeschlossen, dass wir sie wirklich aufhalten konnten. Es waren zu viele, und sie waren so auf ihre Beute fixiert, dass sie uns nicht beachtet hätten, egal was wir taten.

Wir hatten nur eine Chance. Jeden Moment würden sie den Fuchs finden und ihn in Stücke reißen. Ich schloss meine Augen und projizierte mich in das Bewusstsein der Hunde. Ich stellte mir vor, wie sie den Weg zurückliefen, den sie gekommen waren. Der Druck war so stark, dass mir der Kopf wehtat, und dann nahm ich plötzlich eine Veränderung in ihrem kollektiven Rudeldenken wahr und öffnete die Augen. Die Hunde rannten davon, zurück durch die Hecke und in die umgebenden Felder. Doch noch waren wir nicht in Sicherheit. Ich musste mich weiterhin konzentrieren und den Geruch des Fuchses aus unserer Hecke entfernen. Das ging ungefähr 40 Minuten so weiter, während die Hunde in der Nähe herumschnüffelten, verwirrt darüber, wohin ihre Beute verschwunden war.

Endlich, als ich schon ganz erschöpft war, hörten wir das Geräusch eines schnell trabenden Pferdes. Offensichtlich war der Reiter ein Jäger, der nach seinen Hunden suchte, denn er blies wie verrückt in sein Horn. Schließlich gab die Hundemeute ihre Jagd auf und folgte dem Ruf ihres Herrn. Es brauchte weitere zehn Minuten, bis der Fuchs den Mut aufbrachte, sein Versteck zu verlassen und sich davonzuschleichen. Er schenkte uns noch einen flüchtigen dankbaren Blick, bevor er sich auf den Weg machte.

DER FUCHS VON »SECRET WORLD«

Während meiner Zeit als Moderatorin bei Taunton TV war es eines meiner größten Vergnügen, als wir live im *Secret World Life Rescue Center* filmten. Einmal musste ich mich bei den Aufnahmen in das Fuchsgehege begeben, in dem sechs Füchse lebten: Einige von ihnen waren von törichten Personen abgeliefert worden, die versucht hatten, die Füchse als Haustiere zu halten, und manche waren verletzt aufgefunden und geheilt worden, jedoch nicht fit genug, um wieder in die Wildnis entlassen zu werden. Innerhalb von Minuten, nachdem ich mich in dem Gehege auf den Boden gesetzt hatte, drängten sich die Füchse um mich, und ein Weibchen verbrachte mehrere Minuten damit, an mir herumzuschnüffeln, indem sie ihren Kopf an meinem rieb. Der Aufseher erklärte mir, dass die Füchsin im Begriff war, mich zu einem Mitglied ihrer Familie zu machen. Ich fühlte mich unglaublich geehrt, auf diese Weise aufgenommen zu werden, und ein Video über dieses Ereignis können Sie auf meiner Website sehen. Während meiner Dreharbeiten mit *Secret World* erlebte ich außerdem, dass eine Schleiereule sich auf meine Schulter setzte, einmal wand sich eine Fledermaus unter meinen Pullover, um sich zu wärmen, und ein anderes Mal war ich buchstäblich von Kopf bis Fuß mit Frettchen bedeckt!

DAS PONY MIT HEIMFINDEVERMÖGEN

Als junges Mädchen sehnte ich mich danach, ein eigenes Pony zu haben, doch erst als ich in meinen Zwanzigern war, erfüllte sich dieser Wunsch. Tatsache ist, dass Kinder und Tiere eine spezielle Verbindung haben, wenn sie einander lieben, und es mangelte mir nicht an Gelegenheiten, das zu lernen. Mein Vater kannte einen Mann, der ungefähr 15 Kilometer von uns entfernt wohnte. Er war ein ungeschliffener Diamant, ein Schrotthändler, der immer ein oder zwei Ponys auf seinem Grundstück hatte. Er ließ mich eines seiner kleinen Ponys mit Namen Jigsaw reiten. Jigsaw war sehr hübsch anzusehen, ein Rotschimmel, ziemlich klein, aber sehr stark und mit überschäumender Energie. Ich liebte ihn, und es steht außer Frage, dass wir eine innige Beziehung zueinander hatten. Doch nachdem ich ein paarmal mit ihm geritten war, rief uns sein Besitzer mit einer traurigen Nachricht an: Jigsaw war aus seiner Koppel ausgebrochen und verschwunden. Es war sehr merkwürdig, dass ein Pony einfach so weglaufen würde, aber offenbar war genau das geschehen. Ich überredete meinen Vater, mich im Auto herumzufahren, wo Jigsaw lebte, hoffte ich doch, dass wir ihn finden würden, was aber nicht der Fall war. Die Polizei wurde informiert, doch niemand meldete sich, um zu sagen, dass man ihn gefunden hatte. Es war alles sehr mysteriös.

Ein paar Tage danach ging ich spazieren und kam an einem Hof hinter einem Café vorbei, ungefähr einen Kilometer von unserem Haus entfernt. Durch das offene Tor konnte ich zwei Männer sehen, die versuchten, ein Pony einzufangen. Ich konnte meinen Augen kaum glauben: Es war Jigsaw! Als die Männer merkten, dass ich ihnen zuschaute, fragten sie mich, ob ich jemanden kennen würde, dem ein Pony davongelaufen war. Auch sie konnten es nicht glauben, als ich ihnen erzählte, dass das Pony aus der 15 Kilometer entfernten Stadt hierhergelaufen war. Um so weit zu kommen, hatte es zwei viel befahrene Hauptstraßen überqueren und seinen Weg durch ausgedehnte Waldgebiete und Farmland finden müssen. Die Tatsache, dass es sozusagen in meinem »Hinterhof« gelandet war, ohne dass jemand es gesehen hatte, war mehr als ungewöhnlich. Und obwohl es sich bei den Männern wie wild gebärdete, beruhigte es sich sofort, als ich mich ihm näherte, und Jigsaw erlaubte mir, ihm einen Strick anzulegen. Warum war er weggelaufen? Wie hatte er hierhergefunden? Hatte er versucht, mich zu finden? Ich glaube wirklich, dass genau das seine Absicht gewesen war.

 ASHLEY, DER PFAU

Als der Pfau eines Tages aus heiterem Himmel in unserem Garten erschien, waren wir nicht wenig beeindruckt, aber eigentlich nur wegen seiner Schönheit. Erst als vor Kurzem jemand die Bemerkung machte, wie ungewöhnlich so etwas sei, wurde uns klar, dass mehr dahintersteckte. Eben diese Person, Jo Phillips, eine BBC-Journalistin, bemerkte während ihres Besuches, dass sie es erfrischend fand, eine »spirituelle« Autorin kennenzulernen, die tatsächlich dafür sorgte, dass in jedem ihrer Bücher irgendetwas Neues zur Sprache kam. Weiter sagte sie, dass manche Autoren immer wieder das gleiche Buch zu schreiben schienen. Es freute mich sehr, ihre Meinung über meine Arbeit zu hören. Später teilte sie mir in einer E-Mail mit, was sie über Pfauen herausgefunden hatte:

Der Pfau repräsentiert einige der am meisten geachteten menschlichen Eigenschaften, jene, die wir alle anstreben. Ein anerkanntes Symbol der Integrität, zeigt uns seine Schönheit, was auch wir erreichen können, wenn wir den Mut haben, konsequent zu bleiben und unsere wahre Gesinnung zu zeigen. In anderen Kulturen symbolisiert der Pfau Edelmut, Ehre, Führung, Schutz und Wachsamkeit.

Jo Phillips teilte mir netterweise mit, dass dieses Tiersymbol sehr gut zu uns und unserem Zuhause passen würde.

Dieses Gespräch war wichtig und erinnerte mich an ein paar sehr entscheidende Botschaften. Wie schon gesagt, war dieser Pfau eines Tages überraschend in unserem Garten aufgetaucht. Nach und nach wurde er zutraulicher, als er uns beide und KC kennenlernte, die sehr schnell verstand, dass der Pfau nicht als Einbrecher betrachtet wurde und daher nicht von ihr belästigt werden sollte. Wir nannten ihn bald »Ashley«, nach Ashley Peacock in *Coronation Street*, und er muss damit einverstanden gewesen sein, da er sofort auf diesen Namen reagierte. Wenn er auch einen Großteil seiner Zeit in unserem Garten verbringt, ist er dennoch ein freier Geist, in der Lage, jederzeit zu gehen, was ein wichtiger Teil der Botschaft ist, die er uns brachte.

Ich schreibe regelmäßig Kolumnen für Magazine, was sowohl einen gewissen Druck (Zeitpläne und Deadlines) als auch große Verantwortung mit sich bringt. Ich habe oft festgestellt, dass hellsichtig begabte Menschen jeder Art, die im Fernsehen auftreten, unter außerordentlich großem Druck stehen, ihre Sache gut zu machen; und da ich selbst zwei Jahre für das Fernsehen gearbeitet habe, weiß ich um die Terminpläne und Deadlines der Medien. Es ist manchmal sicher schwierig, Dinge zu forcieren, um den Erwartungen der Zuschauer entsprechen zu können, denn beim Fernsehen ist Zeit gleich Geld. Ich empfinde diesen Pfau als eine Mahnung und Erinnerung daran, dass ich jederzeit meine Integrität wahren sollte und dass alle bescheidenen Fähigkeiten, die ich vielleicht besitze, genauso schnell verschwinden können, wie sie anscheinend gekommen sind. Sollte mich wie in der Legende vom Raben auf dem Tower in London der Pfau jemals verlassen, dann werde ich auf diese Weise wissen, dass ich meinen Niedergang selbst verschuldet habe. Ich bin gewarnt worden!

Heute Morgen wurde mir plötzlich klar, dass ich diesem Kapitel noch etwas hinzufügen muss. Momentan sind ein paar Bauarbeiten bei uns im Gange, und wie immer, wenn es in unserem Haus irgendwelche Störungen gibt, verschwindet Ashley irgendwohin. Mittlerweile war er schon eine Woche weg, und wir hatten noch immer nichts von ihm gesehen oder gehört. Normalerweise können wir in der Ferne sein Rufen hören, doch dieses Mal nicht. Da er ein freier Geist ist, können wir nichts dazu sagen, wo er sich aufhält oder ob er sicher die Straße überquert oder ob ein Raubtier – in Tier- oder Menschengestalt – ihm Schaden zufügen könnte, also machten wir uns immer größere Sorgen, je mehr Tage vergingen, ohne dass es irgendein Zeichen von ihm gab.

Dann wachte ich eines Nachts um 4 Uhr früh auf, weil ich mir solche Sorgen um Ashley machte. Ich lag da und zermarterte mir das Gehirn über sein mögliches Schicksal und darüber, wie ich herausfinden könnte, was mit ihm geschehen war. Wir waren bereits den Weg zu unserem Haus hinauf- und hinuntergefahren, um sicherzugehen, dass er nicht verletzt irgendwo auf der Straße lag, doch wie jeder Mensch, der nächtlichen Grübelanfällen ausgesetzt ist, wurde ich immer niedergeschlagener bei dem Gedanken daran, was dem Pfau alles passiert sein könnte. Dann dachte ich plötzlich: *Sprich doch mal mit ihm!* Und ich fing an, ihn innerlich zu rufen und zu bitten, uns ein Zeichen zu geben, dass es ihm gut ging – oder ein Zeichen, falls dem nicht so ist. Meine Unruhe weckte auch Tony auf, und um 5 Uhr stand er auf, nur um im nächsten Augenblick aus der Küche nach mir zu rufen: »Ashley ist draußen auf der Veranda!« Ich war zutiefst erleichtert! Er blieb den ganzen Tag bei uns, aufmerksam den Fortgang der Bauarbeiten beobachtend und den Arbeitern bei ihrer Mittagspause zusehend, bevor er wieder majestätisch davonschritt, wobei seine lange Schleppe wie ein Brautschleier über den Boden streifte. Seitdem mache ich mir keine Sorgen mehr, wenn er nicht zurückkommt, solange die Bauarbeiten andauern, weil ich weiß, dass er mich »hören« kann.

Ich glaube fest daran, dass Tiere im übergeordneten Zusammenhang aller Dinge genauso wichtig sind wie wir. Wenn wir eine Spezies auslöschen, ob mit oder ohne Absicht, können wir nicht wissen, wie sich dies langfristig auf uns auswirkt. Unser Planet, unser Ökosystem und unsere Lebensweise sind sehr fragil. Wenn wir das Gleichgewicht stören, gehen wir ein unkalkulierbares Risiko ein. Für unser nacktes Überleben sind wir in hohem Maße auf einige der kleinsten Kreaturen Gottes angewiesen.

Nehmen Sie zum Beispiel die Bienen. Ohne ihre Bestäubungsfertigkeiten würde das Fundament der Menschheit bald seinen Grundpfeiler verlieren, der alles zusammenhält, und dennoch wird ihr Niedergang behandelt wie etwas völlig Triviales. Darüber hinaus bin ich sehr betrübt und wütend über die wachsende Zahl von Kindern, die Gewaltverbrechen an ihresgleichen begehen. Ich bin mir sicher, dass Kinder sich zu anständigen Erwachsenen entwickeln würden, die sich um andere kümmern, wenn sie von Anfang an lernen, Tiere zu respektieren und für sie zu sorgen. Ich glaube, dass alle Kinder Haustiere haben sollten, doch muss man ihnen unbedingt beibringen, für sie zu sorgen und zu verstehen, dass alle Lebewesen Schmerz und Kummer empfinden. Tiere können Menschen viel über Spiritualität lehren.

Frage doch das Vieh, das wird dich's lehren.

Hiob 12:7

1

Du dummer Hund!

Haben Menschen das Recht, Tiere dumm zu nennen?
Sind Tiere genauso spirituell oder sogar spiritueller als wir?
Geschichten über Tiere, die Mitgliedern einer
anderen Spezies geholfen haben.

*Der Mensch versucht seit Langem, die Kommunikation mit Tieren
wieder aufzunehmen, indem er versucht, Affen, Delfine und andere
Gattungen Zeichensprache und menschliche Sprachgeräusche zu
lehren. Warum? Warum versuchen sie, Tieren beizubringen, rückwärts einen Berg hochzugehen? Tiere besitzen weder die physische
noch die mentale Fähigkeit, die menschliche Sprache zu erlernen,
warum versucht man es also? Wenn die Menschen wirklich so intelligent sind, wäre es da nicht sinnvoller, wenn sie die Sprache der
Tiere lernen würden?*

Grandfather Lee Standing Bear Moore
(durch seinen Freund Takatoka)

WER IST WIRKLICH DER DUMME?

Leider ist es weit verbreitet, dass Menschen, die Schwierigkeiten mit dem Verhalten ihrer Haustiere haben, diese
als dumm bezeichnen. Klagen wie »Du dummer Hund …
Du dumme Katze … Du dummes Pferd!« oder Ähnliches
kann man überall hören. Das Problem ist, dass Menschen
dazu neigen, ihre Tiere so zu behandeln, als würden sie die

Sprache, Prioritäten und Wünsche des Menschen verstehen. Tiere sind weder in ihrem Charakter noch in ihren Fähigkeiten so wie Menschen, doch das heißt mit Sicherheit nicht, dass sie dumm sind! Ein Pferd ist ein sehr kluges Pferd, ein Hund ist ein sehr kluger Hund, eine Katze ist eine sehr kluge Katze etc. Es gibt keinen Zweifel, dass Menschen sehr klug sind … was Menschen betrifft. Es wäre nicht gut, wenn Tiere die Intelligenz besäßen, zum Beispiel am Computer zu arbeiten, da sie weder den Wunsch noch das Bedürfnis danach haben.

Versuchen Sie andererseits mal, einen Mann in der Wüste auszusetzen und ihm zu sagen, er solle seinen Weg zum Wasser erschnüffeln, und man würde schnell sehen, dass er tatsächlich ein sehr dummes Tier abgeben würde! Tiere haben nicht so wie wir Menschen ihren gottgegebenen Geruchssinn verloren und können daher problemlos Wasser finden aufgrund des charakteristischen Geruchs des Bodens und der Mikroorganismen, mit denen er vermischt ist. Kann das Tier Ihnen die chemische Formel dieses Geruchs nennen, so wie es ein Chemiker tun würde? Nein. Aber könnte der Chemiker in der Wildnis das riechen, was er benennen kann? Nein.

Welche dieser beiden Fähigkeiten ist nun klug und welche dumm? Die Antwort: Keine von beiden. Sie sind beide klug auf ihre eigene Art! Die Welt würde zu einem besseren Ort werden, wenn wir die Unterschiede zwischen den Spezies akzeptieren und schätzen würden, anstatt Vergleiche anzustellen.

Die Benutzung von Werkzeugen gilt als Zeichen für ein sehr gutes Schlussfolgerungsvermögen. Sehr viele Tiere benutzen Werkzeuge. Jeder weiß, dass Affen Werkzeuge verwenden, wie zum Beispiel Steine, um harte Schalen aufzubrechen, und Stöcke, um Termiten aus Löchern zu pulen.

Und Delfine haben zum Beispiel gelernt, ihre Nase mit einem Stück Seeschwamm zu schützen, um nicht von den scharfen Kanten auf dem Meeresboden verletzt zu werden, wenn sie dort auf Nahrungssuche entlanggleiten. Diese Tatsache ist bereits seit Jahren bekannt, ebenso wie erlerntes Verhalten, ein anderes Zeichen für große Intelligenz.

Kürzlich führte die *University of Virginia* einige Experimente durch, bei denen es um abstraktes Denken bei Hunden ging. Früher galt dies als eine Fähigkeit, die nur Primaten eigen ist. Zwei Hunden wurde ein Touchscreen gezeigt, und schnell lernten sie, dass sie eine Belohnung bekommen würden, wenn sie das Bild eines Hundes und nicht das einer Landschaft berührten. Sie erzielten durchgehend gute Ergebnisse, und selbst wenn das Landschaftsbild von einem Hundebild überlagert wurde, waren sie in der Lage, den Hund zu erkennen, indem sie ihn mit der Nase auf dem Touchscreen anstupsten.

Schon länger weiß man um die große Intelligenz der Schimpansen, doch Experimente in Kioto konnten aufzeigen, dass sie im Bereich Kurzzeitgedächtnis tatsächlich besser waren als die menschlichen Teilnehmer an der Untersuchung. Es gelang ihnen, eine Zahlensequenz, die ihnen nur eine Sekunde lang gezeigt wurde, genau wiederzugeben – etwas, was den menschlichen Versuchskaninchen nicht möglich war.

Papageien sind in jeder Hinsicht sehr clevere Tiere. Sie können Dinge nach Farben sortieren und nicht nur fehlerlos die Namen von Gegenständen wiederholen, sondern sie auf eine Art identifizieren, die als Zeichen kognitiver Intelligenz gilt. Darüber hinaus können sie Puzzles lösen, womit sie ihre Fähigkeit demonstrieren, dem Ablauf von Ursache und Wirkung zu folgen. Manche Papageien haben sogar gelernt, begriffliche Sätze aneinanderzureihen.

Vögel im Allgemeinen legen oft ein hohes Maß an Klugheit an den Tag. Unser zugewanderter Pfau fasziniert mich jeden Abend aufs Neue. Täglich verbringt er die Stunden vor Anbruch der Dunkelheit in unserem Garten, zieht sich aber zurück, bevor es ganz dunkel ist, um in einem Garten auf der gegenüberliegenden Straßenseite zu schlafen. Zuerst klettert er über unser Dach und stampft dabei auf, als hätte er genagelte Stiefel an den Füßen, und dann fliegt er hinunter in den Vorgarten. Am Tor hält er inne, neigt seinen Kopf von einer Seite zur anderen und lauscht aufmerksam. Und wenn er nicht auf die Straße hinaustritt, kann man absolut sicher sein, dass Sekunden später ein Auto kommen wird oder Fahrradfahrer oder Fußgänger (die wir nicht gehört haben). Sobald die Bahn frei ist, stolziert er von dannen, über die Straße ins Bett. Am ersten Tag unserer bereits erwähnten Bauarbeiten schien er um das Haus herum zu patrouillieren und jeden Bereich der im Gange befindlichen Arbeiten zu inspizieren. Einmal kam er sogar in ein Zimmer, nachdem die Tür entfernt worden war, um zu sehen, was da drin los war.

NAGER ODER RETTER?

Viele Menschen schütteln sich, wenn von Ratten die Rede ist. Manche ekeln sich vor ihren nackten Schwänzen, ihren spitzen Krallen oder ihren »Knopfaugen«. Solche Empfindungen hatte ich nie. Früher wurde diesen armen Kreaturen die Schuld an der Verbreitung der Pest gegeben, wobei es in Wahrheit ihre Flöhe waren, die die Seuche übertrugen. Ich habe Verständnis dafür, dass ihre Anzahl kontrolliert werden muss, da sie durch ihr Urin bestimmte Krankheiten verbreiten können, wenn sie infiziert sind und zu nahe bei den Menschen leben; allerdings würde ich darauf bestehen, dass diese Kontrolle auf möglichst schmerzfreie Weise geschieht. Ich bin sicher, dass es einen Weg gibt, wie man den frei lebenden Ratten eine Droge zuführen könnte, die in ihrer Nahrung versteckt ist und ihre zugegebenermaßen beispiellosen Fortpflanzungsfähigkeiten einschränken würde!

Zahme Ratten können wunderbare Haustiere sein! Sie sind intelligent, anhänglich und gänzlich frei von Krankheiten, wenn sie korrekt gehalten werden. Jedenfalls haben einige Vertreter dieser Spezies in den Augen vieler Menschen ihren schlechten Ruf wettgemacht, indem sie eine äußerst wichtige Rolle bei der Rettung von Menschenleben spielen, und damit meine ich nicht abstoßende Laborexperimente! Ich spreche von den Riesenhamsterratten in Mozambique.

Von der Größe einer ausgewachsenen Katze, sind diese Ratten darauf trainiert worden, die tödlichen Sprengstoffe zu erschnüffeln, die in Landminen unter der Erde versteckt sind, Überbleibsel eines der vielen Kämpfe der Menschen gegen ihre eigene Gattung. Diese Ratten werden in Zukunft auch in anderen Ländern eingesetzt, in denen auch diese gefährlichen Überreste zu finden sind. Die Trainer lieben diese Ratten, die sie als klug, gesellig und empfindsam erleben. Die Nasen der Riesenratten sind um ein Vielfaches empfindlicher als alle gegenwärtig verfügbaren mechanischen Minendetektoren und besitzen die Fähigkeit, auch noch den kleinsten Hauch von TNT oder anderen Sprengstoffen aufzuspüren. Da die Tiere im Vergleich zu Menschen kaum etwas wiegen, zünden sie die Sprengstoffe nicht, die, sobald sie entdeckt werden, sicher entschärft und beseitigt werden können. Eine einzige Ratte kann in einer halben Stunde ungefähr 400 Quadratmeter absuchen, eine Leistung, für die ein Mensch einen ganzen Tag brauchen würde, wobei er die ganze Zeit einem großen Risiko ausgesetzt wäre. Früher benutzte man Hunde für diese heikle Aufgabe, doch aufgrund ihres Körpergewichts riskieren sie, den Explosionsmechanismus der Minen auszulösen. Die Ratten sind mit dem Klickertraining vertraut und kratzen, sobald sie den richtigen Geruch wahrnehmen. Man hat ihren Trainer gefragt, warum die Ratten dann nicht einfach alle paar Minuten kratzen, damit man ihnen eine Belohnung gibt. Der Trainer antwortete: »Das wäre menschliches Verhalten. Ratten sind ehrlicher.«

Wie schlimm ist es dagegen, dass Tiere wie zum Beispiel Hunde und Delfine dazu trainiert werden, zu töten, statt Leben zu retten? Diese Tiere werden geopfert, indem man Minen an ihrem Körper befestigt und ihnen dann beibringt, unter den Maschinen des Feindes durchzurennen oder zu tauchen. Seit jeher ist es in Kriegen so gewesen: Der Mensch hat seine tierischen Brüder immer auf grausamste Weise benutzt.

DEN WEG NACH HAUSE FINDEN

Aufgrund ihrer fast schon übernatürlichen Fähigkeit, den Weg von fremden Orten zurück in ihren heimatlichen Schlag zu finden, manchmal Hunderte von Kilometern entfernt, sind Brieftauben noch erstaunlicher, als Sie vielleicht denken. In einigen Experimenten wurden Tauben für den Transport betäubt, damit sie keine Möglichkeit hatten, irgendwelche Anhaltspunkte über ihre Reise zu sammeln. Bereits seit dem 16. Jahrhundert werden Tauben für Postdienste benutzt und um alle möglichen Arten lebenswichtiger Botschaften zu überbringen, in Ländern so unterschiedlich wie China und Griechenland. Sogar Paul Reuter (auf den der Reuter-Pressedienst zurückgeht) hat im 19. Jahrhundert Tauben eingesetzt, um die Börsen in

Brüssel und Aachen auf dem Laufenden zu halten. Es ist noch gar nicht so lange her, dass die Polizeikräfte in Indien keine Tauben mehr zum Transport von Botschaften auf dem Subkontinent verwenden. Und im Ersten Weltkrieg haben Tauben, selbst wenn sie durch Schüsse verletzt waren, wichtige Nachrichten zuverlässig übermittelt.

Wenn man darüber nachdenkt, ist es einfach unglaublich, wie Zugvögel ohne Landkarte und Kompass ihren Weg um die Welt finden. Sie haben vielleicht eine völlig andere Art von Intelligenz als wir Menschen, doch wer sind wir, sagen zu können, wer der Klügere ist?

NAMEN – NUR SCHALL UND RAUCH?

Hier ist die Geschichte von Alice Jean.

Als ich mein erstes Kind erwartete, bekam ich wie so viele werdende Mütter ein Vornamenbuch. Davor hatte ich mir über die Bedeutung von Namen nie große Gedanken gemacht. Außer den Namen, die ich meinen vier Söhnen nach Vorschlägen aus dem Buch gegeben hatte, schlug ich meinen Namen und seine Bedeutung nach sowie die meiner Geschwister und aller anderen Personen, die ich kannte. Was für ein interessantes Thema, dachte ich. Es gab eine Zeit im Laufe der Geschichte, wo niemand einen Nachnamen hatte; dann wurden irgendwann Nachnamen erfunden, um einen John von einem anderen John zu unterscheiden. Dem Vornamen wurde der jeweilige Beruf, der Titel oder der Herkunftsort hinzugefügt.

Irgendwann zogen mein Mann und ich mit unseren vier Söhnen aufs Land und begannen, Milchziegen zu züchten. Natürlich brauchten sie Namen, damit sie amtlich registriert werden konnten. Also besorgte ich mir wieder ein dickes

Vornamenbuch und vergnügte mich damit, all die wunderschönen Mädchennamen auszusuchen, die ich für meine eigenen Kinder nie hatte anwenden können, da sie alle Buben waren.

Da man den Milchzicklein sehr nahe sein muss, damit sie später zahm und leicht zu handhaben sind, haben wir sie vom ersten Tag an immer in den Armen gehalten und sie bei ihrem Namen genannt. Es ist erstaunlich, wie schnell sie das verstanden und auf ihren Namen reagiert haben, als sie heranwuchsen. Es gab nie den geringsten Zweifel, dass sie ihren eigenen Namen kannten. Das ist nie vorgekommen.

Manchmal gab ich einem Zicklein den Namen Patricia, wenn es um den St. Patrick's Day geboren wurde, oder Esther zur Osterzeit und Noelle in der Zeit um Weihnachten. Es hat stets funktioniert, bis eines Tages ein besonders süßes Zicklein auf die Welt kam, das ich Josie zu nennen versuchte. Sie wurde am Tag des heiligen Josef im März geboren, also war Josie meine Wahl. Aber nicht ihre! Wann immer sie mich ansah, sagte ich: »Hi Josie«, woraufhin sie sofort ihren Kopf wegdrehte. Wenn ich sie hochhob und sie bei diesem Namen nannte, wandte sie sich so schnell von mir ab, dass es beinahe lustig war. Mein Mann schlug vor, ich solle mir einen anderen Namen aussuchen. Nach langem Nachdenken versuchte ich es dann mit Gracie Jo. Als ich sie das erste Mal so nannte, lief sie tatsächlich sofort zu mir. Verblüffend!

Nun bin ich diejenige, die jedem versichert, dass es keine Rolle spielt, wie man sein Haustier ruft, solange es auf freundliche Weise geschieht. Tiere verstehen Emotionen mehr als Worte. Jedoch reagieren sie auf irgendetwas Besonderes in Bezug auf den Ton oder Laut des Namens, und vielleicht ist es bei uns nicht anders. Ich weiß es nicht. Gracie Jo ist die einzige Ziege, die derart auf einen Namen reagiert hat.

Das war ungewöhnlich, da Tiere einander keine Namen geben und sich nur aufgrund von Erscheinung, Geruch, Lauten und natürlich Energie erkennen. Doch scheint es, dass auch Tiere – genau wie Menschen – ihre kleinen Schwächen haben.

DER HUND, DER
KEIN »HOT DOG« SEIN WOLLTE

In Zeitungen in den USA konnte man kürzlich die Geschichte von Max lesen, einem elf Jahre alten schokoladenfarbenen Labrador. Seine Besitzerin hatte Max im Auto zu einer Besorgung mitgenommen, doch als sie wieder zu Hause ankam, vergaß sie den Hund und ließ ihn versehentlich im Auto zurück. In der Regel passierte ihr so etwas nicht, vor allem nicht an einem so heißen Tag wie diesem. Sie war derart von ihren Hausarbeiten beansprucht und dachte an so viele Dinge, dass sie Max völlig vergaß. Ungefähr nach einer Stunde wurde sie auf lautes Hupen aufmerksam und unterbrach ihre Putzerei, um hinauszusehen. Weil sie niemanden sah, wandte sie sich ab und putzte weiter. Kurze Zeit später hupte es von Neuem, und dieses Mal, überzeugt, dass der Lärm aus ihrem eigenen Auto kam, sah sie genauer hin und erkannte Max auf dem Fahrersitz mit seiner Pfote auf der Hupe. Beschämt lief sie zum Wagen und holte Max heraus.

Der Tierarzt sagte, dass der Hund ohne Zweifel sein Leben gerettet hatte, indem er genug Verstand hatte, mithilfe der Hupe auf sich aufmerksam zu machen. Dieses Vorgehen zeigt eindeutig ein Verständnis von Ursache und Wirkung.

Die folgende Geschichte über Kriegstiere kommt von Margaret, über Julie, die sie kürzlich auf meinen Wunsch hin in dem Heim besuchte, wo sie heute lebt.

TAPFERKEIT

Margaret Barker ist eine überaus ungewöhnliche Frau. Heute gebrechlich und bejahrt, war sie dennoch von der Leidenschaft beseelt, mir ihre Geschichte zu erzählen. Sie hatte sich vor vielen Jahren für die Misere von Tieren im Krieg zu interessieren begonnen, als sie Joey kennenlernte, eines der wenigen Pferde, das von den Schrecknissen der Kriegsschauplätze des Ersten Weltkrieges zurückgekehrt und damals ungefähr 30 Jahre alt war, ein hohes Alter für ein Pferd, egal unter welchen Umständen. Margaret war zu dem Zeitpunkt ungefähr sieben Jahre alt, und Joey wurde ihr Freund. Eine Zeit lang verstand sie nicht, warum der rotbraune Wallach jedes Mal, wenn er einen Knall oder schrille Geräusche hörte, durchging. Doch selbst wenn er durchging, bekam Margaret es nie mit der Angst zu tun, sondern spürte vielmehr, dass Joey dachte, er würde sie auf diese Weise irgendwie in Sicherheit bringen. Natürlich hießen diese Geräusche für das Pferd: »Lauf um dein Leben!«, und ich bin sicher, dass der Soldat, der ihn ritt, ihn darauf trainiert hatte, bei Geschütz- oder Granatfeuer genau das zu tun.

Margaret verliebte sich auf den ersten Blick in Joey, und obwohl er schon lange tot ist, spürt sie, dass er nach wie vor bei ihr ist und auf sie aufpasst.

Margaret, die auch den Zweiten Weltkrieg erlebte, wurde sich der Opfer bewusst, die alle Betroffenen brachten, wobei sie nie den Preis vergaß, den auch Joey und Millionen anderer seiner Art gezahlt hatten. Sie erinnert sich an ein Buch über den Ersten Weltkrieg, auf das sie gestoßen war, das auch Bilder von toten Tieren, die an die Front geschickt worden waren, enthielt. Ungefähr zur selben Zeit gelangte sie zu der Überzeugung, dass am Gedenktag für die Gefallenen der beiden Weltkriege nicht nur der Soldaten gedacht werden sollte, sondern auch der Tiere, die ihnen gedient hatten und an deren Seite sie gestorben waren.

Es war ergreifend zu sehen, welche Wirkung Joey nach so vielen Jahren noch immer auf die alte Dame hatte. Siebzehn Jahre zuvor war sie erblindet und oft fragt sie mich, ob ich glaube, dass sie nach ihrem Tod ihr Augenlicht zurückbekommt. Ich sage ihr, dass ich davon überzeugt bin, dass sie dann wieder sehen kann, und dass ich sogar noch stärker davon überzeugt bin, dass die erste Seele, die sie erblicken wird, Joey sein wird – woraufhin sie jedes Mal mit einem Lächeln antwortet: »Wenn das so ist, bin ich jederzeit bereit zu gehen.« Obwohl sie vollkommen blind ist, hat Margaret ihr geliebtes Pferd, die Bilder in dem Buch oder ihr Bestreben, dass auch dieser Tiere gedacht wird, nie aus den Augen verloren.

Bedingungslos zu lieben/ Fraglos zu dienen/ Über jegliche Belastung hinaus zu vertrauen/ Nichts nachzutragen, loyal und beschützend zu sein/ Arbeiten, spielen, leben, teilen, bereichern, kämpfen und sterben sie für und mit uns/ Kaum Gegenleistung fordernd, sind sie die Tiere/ Oh, könnte der Mensch auch nach diesem Credo leben.

Als Kind liebte ich alle Filme oder TV-Shows, in denen Tiere vorkamen – *Champion the Wonder Horse, Fury, Rin Tin Tin* etc. Ganz besonders mochte ich Cowboyfilme, denn Pferde waren meine größte Liebe, und natürlich gab es in diesen Filmen praktisch in jeder Szene Pferde. Anfangs schaute ich mir auch Kriegsfilme an, doch bald verursachten mir die Schicksale der Pferde, so wie sie auf der Leinwand dargestellt wurden, Übelkeit. Als mir daher Margaret Barkers Herzensanliegen zu Ohren kam, Kriegstiere lobend anzuerkennen, war ich mehr als bereit, ihr zu helfen, und heute lege ich jedes Jahr in meiner Heimatstadt im Namen dieser Tiere einen Kranz nieder.

Natürlich bin ich heute sehr froh, dass es Regeln des Einsatzes von Tieren in Filmen gibt, und Produktionsgesellschaften weisen ausdrücklich darauf hin, dass in ihren Filmen keine Tiere zu Schaden kommen. Ich sehe lieber das offensichtlich trainierte Rollen eines Pferdes auf den Boden, das den Eindruck erwecken soll, es sei schwer gestürzt, als einen qualvollen echten Sturz in einem der alten Filme.

Ich erinnere mich daran, wie mein Neffe mich eines Tages auslachte, als mich bei einem Spielfilm, in dem Menschen angeblich in einem luftleeren Raum im All festsaßen und zu ersticken drohten, die Wut packte. Der Film stellte eine Analogie her, die clever gewesen wäre, wäre er nicht vor der Erfindung der Computeranimation gedreht worden. Sie zeigten ein umgeworfenes Aquarium, die Fische lagen auf dem Boden und rangen nach Luft und starben ebenso wie die Menschen. Ich war außer mir wegen der armen Fische. Mein Neffe meinte lachend: »Es sieht so aus, als lägen dir die Fische mehr am Herzen als die Menschen!« Ich musste ihn darauf hinweisen, dass die Menschen lediglich spielten, während es für die Fische nur allzu real war.

Einige herzerwärmende Schritte wurden unternommen, um die Öffentlichkeit auf die erstaunlichen Weisen aufmerksam zu machen, in denen Tiere der Menschheit in Kriegen gedient haben. Steven Spielberg hat das ungewöhnliche und erfolgreiche Theaterstück *War Horse* (dt. *Gefährten*) für die Leinwand adaptiert, das 2011 in die deutschen Kinos kam. Der Film erzählt die Geschichte von »Albert«

und seinem Pferd (das zufälligerweise *Joey* heißt). Joey wird an die Kavallerie verkauft und in die Schützengräben des Ersten Weltkrieges geschickt. Obgleich er zu jung ist, um eingezogen zu werden, begibt sich Albert nach Frankreich, um seinen vierbeinigen Freund zu retten. Ursprünglich handelt es sich dabei um den gleichnamigen Roman von Michael Morpurgo.

Außerdem wurde 2004 eine wundervolle Skulptur an der Park Lane in London enthüllt. Ein lebensgroßes Pferd und einen Hund darstellend, ist dieses Denkmal ein beeindruckender und bewegender Tribut an all die Tiere, die in den Kriegen und Konflikten des 20. Jahrhunderts den Streitkräften dienten, litten und starben.

2

Für alle Zeiten treu ergeben

Haustiere, die nach ihrem Tod zurückkehren,
um ihre Besitzer zu besuchen.

*Viele Menschen denken, dass Tiere nicht spirituell sind – dass sie
keinen Geist und keine Seele haben. Die meisten glauben, dass
Tiere weniger intelligent sind als Menschen, dass sie wild sind und
weder gesellschaftliches Verhalten noch Gewissen kennen. Dem ist
nicht so.*

*Grandfather Lee Standing Bear Moore
(durch seinen Freund Takatoka)*

Dieses Kapitel zu schreiben wird mir eine besondere Freude
sein. Seit dem Erscheinen von *Pets Have Souls Too* wurden
mir Hunderte von Geschichten dieser Art zugeschickt. Es
wird mir jedes Mal warm ums Herz, wenn ich diese Berichte lese, in denen hervorgeht, dass Tiere eine so tiefe Verbindung mit ihren Besitzern haben, dass auch der Tod sie nicht
trennen kann, und sie sind tatsächlich für alle Zeiten treu
ergeben.

TREUER SCHATTEN

Lassen Sie uns die Erzählungen mit Emmas Geschichte beginnen.

Eine Woche nachdem ich Shadow, meinen geliebten Golden Retriever und besten Freund, verloren hatte, fuhr ich mit einer Gruppe von Hellsehern nach Oxford Castle. Shadow hatte genau so ausgesehen wie der Hund auf dem Cover Ihres ersten Buches über Haustiere, und als ich das Buch sah, wusste ich, dass ich es unbedingt lesen musste! Shadow starb völlig unerwartet. Er sollte operiert werden, eine reine Routineangelegenheit, nichts Besorgniserregendes, doch der Arzt fand einen inoperablen Tumor, also musste meine Familie schweren Herzens die Entscheidung treffen, ihn gehen zu lassen. Ich war nicht dabei, denn zu der Zeit arbeitete ich noch in einem Geschäft. Ich war dort allein, und ein Geist kam mich besuchen, und ich wusste sofort, dass es Shadow war, wollte es jedoch nicht glauben. Laut sagte ich: »Wer immer es ist, geh einfach hinüber, okay?« Als meine Schicht zu Ende war, ging ich nach Hause, und meine Mutter sagte mir, dass Shadow gestorben war.

Eine Woche später war ich also in Oxford Castle, und wir befragten ein Ouijabrett. Shadow kam durch, um Kontakt mit mir aufzunehmen. An jenem Morgen war ich an seinem Foto vorbeigegangen und hatte zu ihm gesagt: »Wage es nicht durchzukommen. Bitte bleib drüben!« Nichtsdestotrotz wanderte die Planchette zum S, dann zurück in die Mitte, danach zum H, bis sie den ganzen Namen buchstabiert hatte. Ich sagte: »O mein Gott! Er ist es, er ist hier!« Niemand glaubte mir. Die anderen dachten, ich hätte den Verstand verloren. Sie wollten mich nicht mal trösten, sondern saßen nur herum und schauten mich an, als wäre ich verrückt geworden. Ich war hysterisch und versuchte, meinem Hund Fragen zu stellen, doch ich konnte nicht aufhören zu weinen. Ich fragte ihn, ob er auf der anderen Seite war, und er bestätigte es. Ich wollte wissen, ob Granny bei ihm war, und er antwortete mit Ja. Ich sagte ihm: »Es ist okay, du kannst jetzt gehen.« Und genauso folgsam, wie er zu Lebzeiten gewesen war, ging er.

Später fragte mich eine Frau aus der Gruppe: »Wie konnte ein Hund durchkommen?« Sie glaubte mir nicht. Meiner Meinung nach glaubte sie mir nicht, weil sie nicht wahrhaben konnte, dass Hunde den Tod überleben. Das Einzige, was ich ihr in meiner Trauer sagen konnte, war, dass er zu seinen Lebzeiten wirklich intelligent gewesen war.

Ein Tier zu verlieren, dem man so nahestand, ist sehr traumatisch. Ich finde es total süß, wie Shadow mit aller Macht versuchte, seine Herrin zu trösten.

FAMILIENBANDE

Eine Frau namens Joanie schickte mir ein paar schöne Beispiele von Haustieren, die nicht loslassen wollten:

Wir hatten eine kleine Yorkshireterrier-Dame mit Namen Pippin, die 15 Jahre bei uns war, bevor wir aufgrund ihrer schlechten Gesundheit beschlossen, dass es besser für sie war, sie einschläfern zu lassen. Am nächsten Morgen nahmen wir sie mit zum Tierarzt, der sie schmerzlos und sanft in ihren letzten Schlaf schickte. Am selben Abend saßen mein Mann und ich auf der Couch und schauten fern, als ich aus dem Augenwinkel heraus Pippins kleines Yorkshire-Schwänzchen ins Schlafzimmer verschwinden sah, so wie es ihr Leben lang jeden Abend um 21 Uhr Brauch gewesen war. Ich sagte zu meinem Mann, dass ich glaubte, gerade eben Pippin gesehen zu haben, wie sie zu Bett ging, und er antwortete mir lächelnd, dass er sie auch bemerkt hatte, wie sie um die Ecke seines Sessels neben dem Kamin verschwunden war.

Einige Jahre zuvor war meine Stieftochter Amanda mit nur 28 Jahren gestorben. Sie hatte dem kleinen Hund sehr nahegestanden. Ein paar Tage nach Amandas Tod sahen wir zu unserer Überraschung, dass Pippin immer wieder in die gegenüberliegende Ecke unseres Wohnzimmers schaute, als würde sie dort jemanden sehen. Dann ging sie unruhig im Zimmer hin und her, so als hielte sie Ausschau nach jemandem. Auch wir fühlten, dass außer uns noch jemand im Zimmer war.

Damals hatten wir nicht nur Pippin, sondern auch noch einen großen schwarzen, struppigen Kater namens Fudge. Die beiden mochten sich sehr, und zwar so sehr, dass sie sich oft in einem Sessel eng aneinanderkuschelten. Fudge wurde im hohen Alter von 17 Jahren eingeschläfert. Wie die meisten Katzen liebte Fudge es, Vögel zu jagen, was wir gar nicht mochten, also befestigten wir ein kleines Glöckchen an seinem Halsband, um die Vögel zu warnen, wenn Fudge in der Nähe war. Am Abend des Tages, an dem er eingeschläfert wurde, hörten wir sein Glöckchen in der Küche klingeln, wo er immer geschlafen hatte. Auch in der Nacht, als wir schon im Bett lagen, konnten wir das Glöckchen hören. Das ging ein paar Tage so weiter, und dann hörte es auf.

Vor vier Jahren starb mein Mann, doch selbst heute, wenn ich Botschaften von ihm bekomme, wird immer erwähnt, dass ein kleiner Yorkshireterrier bei ihm ist.

Es ist sehr tröstlich zu wissen, dass wir alle nach unserem Hinübergehen mit unseren geliebten Haustieren und den uns nahestehenden Menschen wieder vereint werden.

BOGARTS ABSCHIED

Lynda schickte mir diese Geschichte:

Lassen Sie mich erzählen, was meiner Familie vor beinahe elf Jahren passiert ist. Der Mann meiner Schwester starb plötzlich an einer Gehirnembolie. Er war erst Anfang fünfzig, und seine Kinder gingen noch zur Schule. Es war eine traumatische Zeit für alle Beteiligten, besonders für meine Schwester und meine Mutter, die ihn wie einen Sohn geliebt hatte. Wir alle fühlten seinen Tod schmerzlich, doch merkten wir nicht, wie sehr der Hund der Familie, ein Foxterrier namens Bogart, vom Verlust seines Herrchens betroffen war. Zu seinen Lebzeiten hatte Greg den kleinen Hund oft auf lange, wundervolle Spaziergänge mitgenommen und an heißen Tagen sogar auf ein erfrischendes Bier in die nächste Kneipe geschmuggelt. Nach Gregs Tod kletterte Bogart oft auf die Kommode meiner Schwester und tröstete sie durch seine Gegenwart.

Einige Zeit nach dem Begräbnis beschloss die Familie, auf den Friedhof zu gehen und Greg einen Besuch abzustatten. Bogart kam mit. Der Friedhof ist sehr weitläufig, und wir suchten nach einem bestimmten Baum, der uns als Wegweiser dienen sollte. Den Baum zu finden war kein Problem, doch wir mussten feststellen, dass wir keine Ahnung hatten, wo sich Gregs Grab genau befand. Der ganze Friedhof bestand aus zahllosen Reihen von Gräbern. Wir öffneten die Autotür, und Bogart schoss hinaus. Er ist sehr klein, also entschwand er schnell unseren Blicken. Wir wollten zuerst Bogart suchen, bevor wir die Suche nach Gregs Ruhestätte wieder aufnehmen würden. Und dann hörten wir es – ein schreckliches, verzweifeltes Heulen, das aus einer der Grabreihen kam. Wir folgten dem klagenden Laut und fanden zu unserem Erstaunen und Schock den kleinen Hund auf Gregs Grab, mit allen vier Pfoten wie festgewurzelt, den Kopf hoch erhoben und laut heulend. Wir bekamen es alle mit der Angst zu tun, und dieser Anblick verstörte uns zutiefst. Hier war Gregs kleiner Freund, der ihn nicht nur unter Tausenden von Gräbern gefunden hatte, sondern so laut er konnte um ihn heulte.

Wie ist das passiert, Jenny? Wie konnte er Greg finden, der in einem Familiengrab beigesetzt worden war, das mit einer dicken Betonplatte luftdicht abgedeckt ist? Meine Schwester nahm Bogart nie mehr mit auf den Friedhof. Bald wird Bogart zwölf Jahre alt – meinen Sie, wir sollten ihn noch einmal mitnehmen, damit er sein Herrchen sehen kann?

Und das war meine Antwort auf Lyndas Frage:

Oh Gott, Ihre Geschichte hat mich zum Weinen gebracht, so schön sie auch ist. Ich denke, Bogart hatte das Gefühl, nie die Chance gehabt zu haben, sich von seinem Herrchen zu verabschieden. Außerdem glaube ich, dass Gregs Seele vielleicht noch in der Nähe des Grabes weilte und auf die gleiche Chance wartete und sicher war, dass Sie seinen Kleinen irgendwann noch einmal zu ihm bringen würden. Davon bin ich fest überzeugt und ich bin sicher, dass Bogart nicht Gregs irdische Überreste wahrnahm, sondern die Essenz seiner Seele. Wenn Sie Bogart mit auf den Friedhof nehmen, wird er sicher ruhig sein, zumal er ja die Gelegenheit hatte, sich zu verabschieden. Mit zunehmendem Alter wird seine Verbindung zu Greg stärker, und Sie können sicher sein, dass dann, wenn Bogarts Stunde gekommen ist, Greg mit offenen Armen auf ihn wartet. Ich danke Ihnen sehr, dass Sie meinen Lesern die Möglichkeit geben, an dieser ergreifenden Geschichte teilzuhaben.

SOUL SISTER

Eine Frau namens ›Lil' Aug'‹ sandte mir diese erstaunliche Geschichte:

Als ich ein kleines Mädchen war, zeichnete ich oft einen Deutschen Schäferhund, ein wolfsähnliches Tier mit leuchtenden Augen und gespitzten Ohren. Ich wusste nicht, warum ich diese Bilder malte, doch es war mir ein Bedürfnis. Ich sagte jedem, dass dies eines Tages mein Hund sein würde.

Jahre später brachten meine Eltern einen kleinen Welpen mit nach Hause, ein Weibchen. Sobald ich dieses kleine wolfsähnliche Fellknäuel sah, strahlten meine Augen vor Aufregung. Auf Anhieb spürte ich eine Verbindung mit diesem kleinen Hund, so als hätte ich ihn schon früher gekannt. Wir nannten sie Mandy. Als Mandy heranwuchs, ähnelte sie immer mehr den Zeichnungen, die ich als kleines Mädchen angefertigt hatte. Sie hatte sogar die gleichen strahlenden Augen, sodass meine Mutter ihr den Kosenamen »Bright Eyes« (leuchtende Augen) gab. Mandy war ein sehr intelligenter Hund. Wir glauben, dass in ihr noch viel von einem Wolf steckte. Eine Frau, die wir in Kanada kennengelernt hatten und die Wölfe züchtete, erwähnte dies uns gegenüber. Sie sagte, dass Mandy sich in vieler Hinsicht genauso verhielt wie die jungen Wölfe.

Einige Zeit später, ungefähr 2007, mussten wir Mandy einschläfern lassen. Offensichtlich hatten wir ihr zu oft Leckereien gegeben, was bei ihr zu Diabetes geführt hatte. Wir wussten nicht, dass sie daran erkrankt war, doch irgendwann konnte sie nicht einmal mehr laufen. Während ich an diesem düsteren Tag bei der Arbeit war, fühlte ich Mandys Gegenwart in der Nähe. Ich fand das sehr eigenartig, da Mandy erst später am diesem Nachmittag eingeschläfert werden sollte. Als ich in der Mittagspause um halb eins auf dem Bürgersteig vor meinem Büro saß und mein Lunchpaket auspackte, spürte ich ihre Gegenwart noch immer sehr stark. Ich rief meine Mutter an, die mich wissen ließ, dass sie beschlossen hatten, Mandy schon um 12 Uhr einschläfern zu lassen. Vor Kummer heulte ich Rotz und Wasser.

Monate später, es war im Januar, wurde ich um 2 Uhr früh durch eine starke energetische Präsenz bei uns zu Hause geweckt. Während ich mit offenen Augen im Bett lag, hörte ich Mandys vertrautes wolfsähnliches Heulen unten im Wohnzimmer. Ich wusste damals nicht, dass meine Mutter (die unten schläft) sie auch gehört hatte. Ich sandte einen Gedanken zu Mandy und rief innerlich nach ihr. Ich sagte: »Mandy, falls du es bist, komm nach oben zu mir!« Plötzlich fühlte ich eine Welle von Energie nahe meiner linken Bettseite. Ich war total aufgeregt und erleichtert und voller Freude. Und ich spürte, wie Mandy mein Gesicht leckte – es war kein physisches Gefühl, sondern vielmehr ein energieähnliches Empfinden, dass ein Hund mir übers Gesicht leckte. Ich spürte ihre Emotion. Kurz darauf schlief ich mit einem Lächeln wieder ein, doch erzählte ich keinem in meiner Familie von dem Erlebnis, nicht einmal meiner Mutter.

Einige Wochen später platzte meine Mutter auf einer Autofahrt mit der Nachricht heraus, dass sie ein paar Wochen zuvor Mandy im Wohnzimmer heulen gehört hatte. Ich starrte meine Mutter mit offenem Mund an, während mein Vater witzelte, dass sie vielleicht langsam den Verstand verlieren würde. Meine Mutter und ich sahen uns an, und uns wurde beiden klar, dass Tiere eine Seele haben und nach ihrem Tod genauso weiterleben wie Menschen. Mandy war meine Seelenschwester. Ob in einem anderen Leben oder auf himmlischer Ebene – ich weiß, dass wir uns schon früher gekannt haben und uns irgendwann wiedersehen werden.

DAS RICHTIGE TUN

Dr. Shelley Kaehr berichtete mir von einer Epiphanie, die ihr der Tod eines Haustieres bescherte:

Ich habe im Laufe der Jahre viele Haustiere geliebt und verloren, doch ein Erlebnis ist mir am stärksten in Erinnerung geblieben. Dabei ging es um einen kleinen Cockerspaniel namens Crystal, der meinem damaligen Mann gehörte. Er hatte Crystal schon von Kindertagen an, und kurz nach unserer Hochzeit beschlossen die Eltern meines Mannes, Crystal von Kansas zu uns nach Texas zu bringen. Das Problem war, dass Crystal mittlerweile schon sehr alt, krank und blind war, und als sie zu uns kam, wusste sie weder, wo sie sich befand, noch, wer wir waren. Sie war sehr dünn, zitterte ständig und war inkontinent; und aufgrund des Schmutzes, den sie hinterlassen würde, mussten wir sie draußen lassen, was mir buchstäblich das Herz brach. Ich weiß noch, dass ich viele Nächte lang am Küchentisch saß und um den kleinen Hund weinte. Aber wir wussten einfach nicht, was wir für ihn tun konnten.

Ein paar Monate verstrichen, und es wurde offensichtlich, dass es Crystal immer schlechter ging und sie Schmerzen zu haben schien. Sie humpelte, und obwohl sie sich nie beklagte, sahen wir, dass ihr Zustand nicht mehr auszuhalten war. Ich brachte sie zum Tierarzt, der vorschlug, sie einzuschläfern. Noch nie in meinem Leben hatte ich eine solche Entscheidung treffen müssen. Meine Haustiere starben entweder eines natürlichen Todes oder gingen verloren, und ich war mir nicht sicher, was ich von solch drastischen Methoden wie Einschläferung halten sollte. Wieder zu Hause, erzählte ich meinem Mann von dem Tierarztbesuch, und wir mussten beide weinen und fragten uns die ganze Zeit, welche Entscheidung die richtige sei. Ich dachte lange über dieses Thema nach und darüber, ob es in Ordnung ist, unseren wuscheligen Freunden bei ihrem Übergang zu helfen. Ich weiß, dass dies für einige ein strittiges Thema ist und es viele unterschiedliche Meinungen dazu gibt.

Nachdem ich mir das Ganze gründlich überlegt hatte, kam ich zu dem Schluss, dass wir uns manchmal besser um unsere Haustiere kümmern als umeinander. Es gibt eine Zeit zu leben und eine Zeit zu sterben, und unglücklicherweise sind unsere Tiere, da sie unschuldige Kreaturen sind, nicht wirklich in der Lage, mit uns zu kommunizieren und uns wissen zu lassen, was sie brauchen, wie sie sich fühlen und was sie sich am Ende ihres Lebens wünschen. Ich persönlich bin der Meinung, dass einige der Behandlungen, die wir unseren Tieren angedeihen lassen, um ihr Leben zu verlängern, unmenschlich sind, weil es ihnen nicht möglich ist, zu verstehen, was mit ihnen geschieht und warum. Sie wissen nur, dass wir, diejenigen, die sie lieben, nicht bei ihnen sind und dass sie mit Nadeln, Schläuchen und Behandlungen gequält und verletzt werden, Maßnahmen, die das Unvermeidliche letzten Endes auch nicht aufhalten.

Schließlich brachten meine Mutter und ich Crystal eines Morgens zum Tierarzt und saßen bei ihr, als der Arzt ihr die Spritze gab. Ihr Atem verlangsamte sich, und ich konnte sehen, dass sie keine Schmerzen mehr hatte. Kurz vor dem Ende öffnete sie ihre Augen, schaute hoch zu mir und schien zu sagen: »Danke.« Diesen kurzen Augenblick werde ich nie vergessen. Es war ein guter Tod, ein friedlicher Übergang.

Innerhalb weniger Sekunden verschied sie, und das war der Augenblick, in dem das Wunder passierte: Plötzlich vernahm ich ein zischendes Geräusch, als ihre Seele ihren Körper verließ. Zuerst konnte ich es nicht glauben, doch dann war der Raum von Frieden erfüllt und ich war glücklich, dass sie endlich Ruhe gefunden hatte und auf den grasbewachsenen Feldern des Himmels herumtollen und spielen konnte. In diesem Moment schmolz jeglicher Zweifel, ob ich das Richtige getan hatte oder nicht, dahin. Sie hatte Frieden gefunden, hatte keine Schmerzen mehr und musste nicht länger leiden. Es ist schwer, auf Wiedersehen zu sagen, noch schwerer ist es loszulassen, doch letzten Endes brachte es uns beiden Frieden.

Ich habe im Laufe der Jahre immer wieder ehrenamtlich in Sterbekliniken gearbeitet und viele ungewöhnliche und mystische Erfahrungen gemacht, aber von all den Dingen, die ich gesehen habe, war dieses Erlebnis mit Crystal für mich eines der wichtigsten. Es zeigte mir, dass wir alle wirklich unbegrenzte Seelen sind, die den körperlichen Tod überleben, und dass die Gestalten, die wir hier auf der physischen Ebene annehmen, nicht das darstellen, was wir wahrhaft sind. Wir sind unendlich, und das Gleiche gilt für unsere pelzigen Freunde. Eines Tages werden wir uns alle auf der energetischen Ebene des Jenseits wiedersehen, und das wird ein unsagbar glücklicher Tag sein!

Shelley bringt mit ihrer Geschichte ein sehr gutes Argument an. Ich bekomme oft Post von Leuten, die mir von ihren kranken Lieblingen erzählen und davon, dass sie den Gedanken nicht ertragen können, das Tier gehen zu lassen. Oder sie berichten mir, dass sie diese überaus schwere Entscheidung getroffen haben und jetzt von Schuldgefühlen geplagt werden und nicht wissen, ob sie das Richtige getan haben. Mir ging es damals mit meinem Seelengefährten, dem Hund Ace, nicht anders. Ich verschob immer wieder die Entscheidung, sie einschläfern zu lassen, weil ich den Gedanken nicht ertragen konnte, ohne sie zu sein, für ihren Tod »verantwortlich« zu sein oder sie vorzeitig gehen zu lassen und mit den damit verbundenen Schuldgefühlen leben zu müssen. Ich zerbrach mir den Kopf deswegen, denn trotz allem schien sie ihr Leben manchmal noch zu genießen. Es war mein Sohn Phillip, der die Situation für mich ins rechte Licht rückte, als er sagte: »Nur weil sie ab und zu noch lächeln kann, bedeutet das nicht, dass ihr Leben noch lebenswert ist.« In der Wildnis werden kranke, alte oder verletzte Tiere von der Natur schnell entsorgt. Da wir Tiere aus der Wildnis zu uns geholt und gezähmt haben, sind wir es ihnen schuldig, die Aufgabe der Natur zu übernehmen. Und wenn der Zeitpunkt richtig ist und sie ihr Leben nicht länger genießen können, müssen wir ihrem Leiden ein Ende setzen. Wenn ein Hund nicht mehr rennen und spielen und mit der Familie interagieren kann, kann er auch kein glücklicher Hund mehr sein. Wenn eine Katze nicht mehr jagen, kämpfen oder springen kann, kann sie keine glückliche Katze mehr sein. Wenn ein Pferd aus Ängsten, seien sie real oder eingebildet, nicht mehr davonlaufen oder vor Freude mit den Hufen scharren kann, kann es kein glückliches Pferd mehr sein. Das gilt für alle Tiere und ihr natürliches Verhalten. Manchmal muss jemand einen Schlussstrich ziehen, und wir sind es, denen diese Pflicht obliegt.

EIN GAR NICHT »SCHWEINISCHES« SCHWEIN

Um Sie aufzumuntern, gebe ich an dieser Stelle diese lustige und herrliche Geschichte von Maggie wieder.

Vor ein paar Jahren kam eine reizende Frau zu einem Reading. Während ich auf sie wartete, kam mir ständig der Gedanke an Schweine in den Sinn. Aus irgendeinem Grund musste ich einfach ständig an sie denken. Nachdem ich meine Klientin begrüßt hatte, setzten wir uns hin und begannen mit dem Reading. Zu Beginn der Sitzung versuche ich stets, »draußen« jemanden zu finden, der mit mir sprechen will. In der Regel kommt dann ein verstorbener Verwandter durch und bestätigt ein paar Dinge, die den Klienten beruhigen und entspannen, und dann kann es losgehen. Doch egal was ich auch tat, ich sah immer wieder nur ein lächelndes Schwein. Nachdem ich ungefähr fünf Minuten lang nichts anderes als dieses Schwein gesehen hatte, wollte ich wissen, was es hier zu suchen hatte, und hörte den Namen »Henry«. Mir entfuhr ein tiefer Seufzer der Erleichterung, und ich dachte: »Endlich kommen wir der Sache näher.« Also fragte ich meine Klientin, ob ihr der Name Henry etwas sagte. Sie holte tief Luft und rief förmlich: »Ja!«

So weit, so gut. Doch weiterhin sah ich nichts als ein Schwein, das mich anlächelte.

Ich sagte also leise: »Aber es ist ein Schwein!«

»Ja! Ja!«, rief sie.

Ich sagte: »Ein richtiges Schwein, kein Charakterschwein.«

»Ja!«, rief sie wieder.

Und dann kam die Sache in Fluss. Henry war das meistgeliebte, verwöhnteste Schwein, das man sich vorstellen kann. Er ließ mich wissen, dass sein Frauchen ihn in der Annahme gekauft hatte, ein süßes kleines Hängebauchschwein zu bekommen, das aber bald zu einem sehr großen Hängebauchschwein heranwuchs. Er sprach von seinem Hautproblem und wie oft sie das Shampoo wechseln mussten, bis sie endlich eins fanden, das seiner Haut verträglich war, und wie sehr er Zuckerwatte und Äpfel liebte, am besten beides zusammen. Dann schilderte er mir, was seit seinem Tod in ihrem Leben passiert war. Er erwähnte, dass er eine Darmverschlingung bekommen hatte, die letzten Endes dazu geführt hatte, dass er eingeschläfert werden musste. Alles von dieser erstaunlichen Kommunikation, die zwei Stunden dauerte, stellte sich als zutreffend heraus.

Danach habe ich lange Zeit keinen Speck mehr gegessen.

Mir gefiel diese Geschichte besonders, weil die Briefe und E-Mails, die mir geschickt werden, in der Regel von Hunden, Katzen und anderen üblichen Heimtieren handeln. Und siehe da, auch Schweine haben eine Seele!

GROSSE KATZE!

Hier ist Lisas Geschichte über den Trost, den sie von einer Katze bekommt, die nur noch im Geist bei ihr ist.

Unser geliebter Kater Tara strich gerne in der Gegend herum, und eines Abends im Jahr 1996 wurde er überfahren und starb. Wir waren sehr traurig und begruben ihn in unserem Vorgarten. Sein Bruder lebt noch. Wir beschlossen sofort, uns eine andere Katze zu besorgen. Also gingen wir wie immer ins Tierheim, weil es unserer Meinung nach besser ist, einem unerwünschten Tier ein neues Zuhause zu geben, als für eine Rassekatze zu bezahlen und ihre Zucht zu fördern. Wir gingen also zu den Katzenkäfigen, und sofort fiel uns unter den vielen jungen Katzen diese schwarze Schönheit auf, die sich nach vorne durchdrängte und uns ansah, als würde sie uns kennen. Im Grunde war sie es, die uns auswählte! Vom ersten Tag an entwickelte sie ihre eigene Persönlichkeit und sämtliche Eigenschaften, die »Panther« zu der ganz besonderen Katze machten, die sie war.

Sie fand schnell Gefallen an Zwiebel-Käse-Crackern, die sie mir manchmal sogar sanft aus dem Mund nahm. Außerdem liebte sie chinesisches Essen! Eines Tages fragte ich sie aus Jux, ob sie lieber Katzenfutter oder Curry haben wollte. Bei dem Wort »Curry« leuchteten ihre Augen auf! Zur Essenszeit kam sie angerannt, sobald sie das Klopfen hörte, das ich mit meinem Messer machte. Geduldig wartete sie auf ihr Häppchen. Unsere Mahlzeiten wurden auf diese Weise zu einer besonders lustigen Angelegenheit, so als wüsste sie im Voraus, was kommen würde.

Sie hatte die Angewohnheit, sich immer auf der Decke neben mir zusammenzurollen, und schien durch ihre Augen zu mir zu sprechen. Wie die meisten Katzen schlief sie oft stundenlang. Sie liebte es, auf dem Rücken zu liegen und sich von mir den Bauch kraulen zu lassen, während sie wohlig schnurrte. Außerdem spielte sie unheimlich gern auf dem Rasen mit den Blättern, die der Wind vor sich hertrieb. Dabei achtete sie stets darauf, wo ich war. Manchmal begleitete sie mich sogar ins Badezimmer, wo sie hinter meinem Kopf lag und sich an meinem Musikgeschmack erfreute, zum Beispiel Status Quo, während ich mich im warmen Wasser aalte. Sie schien sogar mit mir zu tanzen. Man kann ohne Übertreibung sagen, dass wir unzertrennlich wurden.

Zu unserem großen Kummer wurde sie im März 2009 im Alter von 13 Jahren nach kurzer Krankheit von uns genommen. Sie starb in meinem Schlafzimmer, während ich ihre Pfote hielt, und noch heute kommen mir die Tränen, wenn ich an diese Zeit denke. Dennoch habe ich das Gefühl, dass sie mich nie wirklich verlassen hat. Manchmal spüre ich einen leichten Wind von der Stelle, wo sie immer auf meinem Bett gelegen hat, der stärker wird, wenn sie mir antwortet. Sie lässt mich wissen, dass sie nach wie vor immer bei mir ist. Wenn ich im Café einen Cappuccino trinke, scheint ihr

Kopf in dem Schaum eingeprägt zu sein, so als würde sie sagen: »Ich bin bei dir.« Der Abdruck ihrer Gestalt erscheint regelmäßig auf dem Kissen und der Decke, so als wäre sie noch immer da. Sie ist ständig in meiner Nähe und spielt mit mir; ihre Botschaften sind ein Trost für mich, und ich bin ihrem Andenken aus ganzer Seele treu.

Unsere Haustiere scheinen zu wissen, wenn wir sie unmöglich loslassen können. Sie kommen zurück und bringen uns Trost, wenn wir ihn brauchen, und bleiben so lange bei uns, bis wir bereit sind weiterzugehen oder sie uns in eine neue Richtung führen können. Dies ist eine der Eigenschaften, die mir beweisen, dass sie wirklich eine Seele haben.

3

GEISTIGE FÜHRER,
DIE UNS NIE VERLASSEN

Haustiere, die nach ihrem Tod wieder erschienen sind,
um ihre Besitzer zu beschützen.

*Manche Tiere, denen wir sehr nahestehen, tragen einen Funken
unserer Seele in sich, daher können wir nicht von ihnen getrennt
sein. Sie werden immer bei uns sein.*

Jenny Smedley

WOZA!

Hayley lebt in Südafrika und hat mir diese wahrhaft bemerkenswerte Geschichte gesandt.

Meine erste Geschichte beginnt am Neujahrsabend 1985. In
der Zeitung hatte ich eine Annonce für ein zehn Monate altes
Pony gesehen, kostenlos an ein gutes Zuhause abzugeben.
Wir lebten zwar in einer Wohngegend, allerdings auf einem
einen Hektar großen Grundstück, und mein Vater hatte bei
der Gemeindeverwaltung um die Erlaubnis gebeten, ein
Pferd halten zu dürfen, was ihm genehmigt worden war. Der
Besitzer des Pferdes war von seiner 300 km entfernten Farm
gekommen und hatte seinen Pferdetransporter etwa 40 km
von unserem Zuhause entfernt geparkt. Wir fuhren hin, ver-

frachteten das Pony, das Storm hieß, in unserem Pferdeanhänger und brachten es zu uns nach Hause. Es hatte bisher so gut wie keinen Kontakt mit Menschen gehabt, daher war das Ganze ziemlich traumatisch für es. Sobald wir zu Hause angekommen waren, entließ ich es in den großen Garten und versuchte ein paarmal, mich ihm zu nähern, aber ohne Erfolg. Später an diesem Nachmittag mussten wir Besorgungen machen, und jemand vergaß, das Tor zu schließen. Als ich zurückkam, war Storm verschwunden. Ich war verzweifelt. Wir suchten die ganze Nachbarschaft ab und kamen schließlich überein, die Hauptstraße hinunterzufahren, um zu sehen, ob er in Richtung Felder davongelaufen war. Wir waren bereits 8 Kilometer gefahren, als ich ihn am Straßenrand stehen sah.

Es war klar, dass ich ihn nicht einfangen konnte, also dirigierten wir ihn in ein umzäuntes Feld und gaben dem Bauern, dem das Feld gehörte, Bescheid, dass wir am nächsten Tag mit dem Pferdeanhänger zurückkommen, Storm einfangen und wieder mit nach Hause nehmen würden. Der Bauer war großartig, brachte Wasser und Heu für Storm, und wir fuhren nach Hause. Nachts um 23.45 klopfte es an unserer Haustür. Da es Silvester war, nahmen wir an, dass es sicher eine Nachbarin war, die uns alles Gute zum Neujahr wünschen wollte. Es war tatsächlich die Nachbarin, aber sie fragte mich: »Ist das Ihr Pferd da draußen, das an Ihr Tor tritt und versucht, in den Garten zu kommen?« Natürlich glaubte ich nicht, dass es Storm sein könnte, denn soweit ich wusste, befand er sich beinahe 10 km entfernt auf der anderen Seite eines Wohnvorortes und hätte eine Hauptverkehrsstraße überqueren müssen. Ich ging trotzdem hinaus, um das Pferd in Sicherheit zu bringen. Aber zu meiner großen Verblüffung war es tatsächlich Storm! Er stand vor dem Tor und freute sich wie ein Schneekönig. Ich ging direkt auf ihn zu, öffnete das Tor, und er kam herein, als hätte er schon immer hier gelebt. Von diesem Moment an wurde ich mit ihm fertig. Er war mehr wie ein Hund als ein Pferd. Er kam über die Hintertreppe ins Haus, lief sofort herbei, wenn ich nach ihm pfiff, und war buchstäblich mein ständiger Begleiter. Er war darauf trainiert, Sprachbefehlen zu folgen, trug nie eine Kandare, und als die Zeit kam, ihn zu reiten, waren wir auf und davon, als hätte er sein Leben lang nichts anderes getan.

Am 25. September 1987 sah Storm kränklich aus, also rief ich den Tierarzt an, der es gerade mit einem Notfall zu tun hatte, und beschrieb ihm die Symptome. Der Arzt meinte, er würde früh am nächsten Morgen vorbeikommen, da es sich nicht bedenklich anhörte. Ich machte für Storm ein Strohlager, doch meine Eltern ließen nicht zu, dass ich die Nacht mit ihm im Stall verbrachte, da er nicht wirklich krank zu sein schien. Als ich am nächsten Morgen zu ihm ging, war er gerade gestorben. Der Tierarzt nahm eine Autopsie vor und stellte fest, dass Storm an einem akuten Leberversagen gestorben war, dessen Ursache mir niemand erklären konnte. Ich kann ehrlich sagen, dass ich beinahe selbst starb. In zwei Wochen nahm ich acht Kilo ab, ich hatte so schreckliche Schuldgefühle.

Im Jahre 1991 ging ich eines Abends auf einen Drink in eine Bar ungefähr 2000 km von dem Ort entfernt, wo wir damals gewohnt hatten und wo mein Pony gestorben war, und eine Frau kam auf mich zu, schaute mir in die Augen und sagte: »Storm sagt, es war nicht Ihre Schuld!« Dann ging sie weiter …

Im Oktober 1987 nahm mich ein befreundeter Hufschmied eines Tages mit zur Arbeit. Auf der Farm, wo er arbeitete, gab es einen Wurf von sechs Wochen alten Deutschen Schäferhunden. Der Besitzer sagte zu mir: »Geh nicht zu nahe an die Kleine im Hintergrund, irgendetwas stimmt nicht mit ihr. Sie kam 14 Stunden später zur Welt als der Rest des Wurfs und ist ausgesprochen aggressiv.«

Nun, ich konnte mir nicht vorstellen, dass ein sechs Wochen alter Welpe wirklich aggressiv sein konnte, doch als wir uns ihr näherten, schnappte und knurrte sie wie ein wildes Tier. Ich setzte mich hin und spielte mit den anderen Welpen, und ehe ich michs versah, setzte sich die »aggressive Kleine« auf meinen Schoß! Die anderen trauten ihren Augen nicht, als sie sahen, wie ich mit dem kleinen Wollknäuel spielte und wie süß sie war. Zwei Wochen später rief mich der Hundebesitzer an und fragte, ob ich den Welpen haben wollte, andernfalls würde er ihn einschläfern lassen, da sich niemand ihm nähern konnte. Ich sagte sofort Ja. Ich brauchte wirklich jemanden, dem ich meine Liebe schenken konnte, weil mein Leben ohne Storm so leer geworden war. Man hatte dem Welpen bereits einen Namen gegeben, und als ich danach fragte, erfuhr ich, dass er Stormi hieß …

Sie war eine sehr alte Seele, der man nie irgendetwas beibringen musste. Sie war eine perfekte Lady und liebte jeden. Sie war gerade mal 14 Wochen alt, als ich eines Morgens aufstand und sie aufwecken wollte und feststellte, dass sie in der Nacht gestorben war. Die Autopsie ergab akutes Leberversagen!

Dann geht es im Jahr 2009 weiter … Ich ging mit ein paar Leuten mit ihren Rhodesian Ridgebacks in einem Park spazieren. Dann kam noch eine Frau namens Cheryl dazu, die ich nicht kannte. Sie war mit drei Welpen unterwegs. Hier muss ich erwähnen, dass ich nicht die geringste Absicht hatte, mir wieder einen Hund zuzulegen! Wann immer Cheryl die Hunde rief, sagte sie »Woza!«, ein Zulu-Wort, das so viel wie »Komm her!« bedeutet. Und dies war nur einer ihrer vielen Spleens. Wie auch immer, am Ende des Spaziergangs kam sie auf mich zu und fragte, ob ich an dem Welpen mit der schwarzen Gesichtsmarkierung Interesse hätte. Ich war sehr zurückhaltend und konnte mich nicht entscheiden.

Wir gingen nach Hause und diskutierten die Sache, und am nächsten Tag gingen wir tatsächlich los, um den Hund zu holen. Die ganze Zeit, während wir in der Küche saßen, Kaffee tranken und die Übernahmebedingungen besprachen, saß der kleine Hund vor einem Fenster auf einem Kissen und beobachtete uns. Wegen der schwarzen Maske sollte er Zorro heißen – was Fuchs (mein Nachname) auf Spanisch bedeutet. Cheryls Mann nannte ihn »Bakkies«, ein Afrikaans-Wort für Gesicht oder Maske, wegen seiner schwarzen Färbung, oder »Mombakkies«, was wörtlich übersetzt Maske heißt oder, unhöflich, Gesichtsschmerz! Wie dem auch sei, es blieb bei Bakkies, weil Zorro einfach nicht zu ihm passte.

Auch Bakkies war ein Hund, dem ich nichts beibringen musste. Er war eine sehr ernste, sehr, sehr alte Seele und mein ständiger Begleiter. Wenn ich die Pferde und Esel fütterte, trug er den Eimer mit dem Futter für mich. Er war ein Hund, den jeder liebte.

Ich trainiere zusammen mit einer Frau Hunde, und ihre etwa 20-jährige Tochter ist autistisch. Lauren sitzt dabei und schaut sich alles an. Bakkies hatte die Angewohnheit, sich neben sie zu setzen und seinen Kopf in ihren Schoß zu legen. Das erste Mal, das Lauren im Beisein anderer Personen als ihrer Familie sprach, war es Bakkies, an den sie das Wort richtete, und dann an mich, um nach ihm zu fragen. Er war einfach so ein Hund. Wann immer wir einen Spaziergang machten, fand er irgendwo eine leere Bierdose und trank den Rest aus. Er hatte eine absolute Vorliebe für Bier! Er war sechs Monate alt, als ich eines Tages nach Hause kam und feststellte, dass er wie ein Kneipenkeller stank. Er hatte in meiner Waschküche zwei Kästen Bier gefunden, sie umgestoßen, die Dosen zusammen mit zwei anderen Hunden geöffnet und beinahe alle 32 leer getrunken! Als der Tierarzt endlich aufgehört hatte zu lachen, versicherte er mir, dass die Hunde am nächsten Tag zwar einen schrecklichen Kater haben, aber danach wieder völlig in Ordnung sein würden.

Am nächsten Morgen ging es Bakkies wirklich nicht so gut. Am selben Abend musste ich zum Hundetraining gehen und überlegte, ihn zu Hause zu lassen, da er sich so unwohl fühlte. Er wollte jedoch unbedingt mitkommen, also gingen wir los. Als ich mich in völliger Dunkelheit um 20 Uhr wieder auf den Nachhauseweg machte, musste ich lange an einer roten Verkehrsampel warten. Die Hunde schliefen tief und fest auf der Rückbank. Das Nächste, an das ich mich erinnere, war eine schwarze Hand, die durch mein geöffnetes Fenster kam, mich an der Kehle packte und nach meinen Autoschlüsseln griff. Auf der Beifahrerseite stand ein zweiter Mann, der versuchte, die Tür aufzumachen. Nun, das Beste wäre gewesen, wenn sie einfach den Wagen genommen hätten. Doch hatte ich eher den Eindruck, als wollten sie mich entführen, mit allem, was dazugehört. Im nächsten Moment kam der schrecklichste Anblick meines Lebens. Etwas schoss vom Rücksitz nach vorn und attackierte den Mann, der seine Hand an meiner Kehle hatte. Der sechs Monate alte Bakkies schnappte so böse zu, dass das Auto danach voller Blut war. Zum Glück liefen die zwei Männer weg und waren sofort in der Dunkelheit verschwunden, und mir gelang es, nach Hause zu fahren.

Mir blieben nur zwei Wochen, um höllisch anzugeben – natürlich, ganz sicher, ich machte reichlich Gebrauch davon und prahlte vor jedem darüber, wie dieses Baby mein Leben gerettet hatte. Dann war ich eines Tages mit ihm draußen, als er plötzlich aufschrie und hinfiel und mit dem Schreien nicht aufhörte. Innerhalb von 30 Sekunden war mein Bakkies tot. Die Autopsie ergab, dass er an einem äußerst seltenen angeborenen Herzfehler gestorben war. Die Tierärzte waren ganz durcheinander und konsultierten Spezialisten auf der ganzen Welt, um der Krankheit, die meinem Liebling das Leben gekostet hatte, einen Namen zu geben.

In der Nacht nach seinem Tod, als ich endlich eingeschlafen war, hatte ich einen Traum. Bakkies kam aus einem meiner Nebengebäude mit dem winzigsten, lustigsten, am komischsten gefärbten weiblichen Ritchback-Welpen (ich ziehe Rüden vor), der eine rote Schleife um den Hals trug. Er »sagte« mir, ihr Name sei »Mouse«, und falls ich ihm nicht glauben würde, sollte ich »Scout fragen« (meinen Graupapagei). Dann ging er wieder und ließ dieses kleine Knäuel, das unverwandt zu mir hochschaute, vor mir sitzen. Ich wurde wach und war am Boden zerstört. Ich stand auf und weckte meine Tochter. Als wir ins Wohnzimmer kamen, schaute mein Papagei mich an und sagte klar und deutlich »Woza!« (das Wort, das Cheryl benutzt hatte, um ihre Welpen zu rufen), obwohl er das Wort noch nie in seinem Leben gehört hatte.

Im Oktober bekam ich einen Anruf von Cheryl. Sie lud mich ein, vorbeizukommen und mir einen neuen Wurf ihrer Hündin anzuschauen. Sie waren zwar alle schon vergeben, doch sie meinte, ich sollte trotzdem einfach kommen und die Welpen sehen. Wir gingen hin, und da war dieses kleine Knäuel mit einer roten Schleife um den Hals. Ich musste mich mit aller Gewalt zurückhalten, um nicht in Tränen auszubrechen, da ich wusste, dass sie alle schon ein Zuhause gefunden hatten – trotzdem, hier war »Mouse«, so klar wie der helle Tag. Ich glaubte wirklich, mir würde das Herz brechen. Die ganze Zeit, während wir im Haus mit Cheryl sprachen, saß die Kleine mit ihrem roten Schleifchen wie eingerahmt vor dem Fenster und schaute herein, genau so wie

Bakkies ein paar Monate zuvor. Ich sagte nichts, weil ich Cheryl nicht das Gefühl geben wollte, sie müsste mir entweder den Welpen geben oder mich enttäuschen, da sie ihn schon jemand anderem versprochen hatte.

Als wir wieder im Auto saßen, brach ich zum Schrecken meines Mannes in Tränen aus. »Ich habe eben Mouse gesehen, aber sie hat schon ein Zuhause!« Er sagte: »Hör zu, ich weiß zwar nicht, von welchem Welpen du sprichst, aber Cheryl hat mich gefragt, ob du vielleicht an der Kleinen mit der roten Schleife interessiert wärst.« Offenbar hatte sie meinen Mann gebeten, mit mir darüber zu reden, da sie nicht wollte, dass ich ein Hündchen nahm, wenn es nicht das richtige war! Heute bin ich stolze Besitzerin von »Mhousse« (so buchstabiert aus numerologischen Gründen).

Ich weiß, dass Bakkies immer noch in der Nähe ist. Scout krächzt mittlerweile regelmäßig »Woza!«, aber nur, wenn ich mich ein wenig unwohl oder traurig fühle. Einige Zeit nach Bakkies' Tod ging das Licht über »seinem« Sessel willkürlich an und aus. Mein Mann ist Elektriker und hat das überprüft, um meine immer noch schlummernden Zweifel im Zaum zu halten, und keinen Defekt gefunden. Wenn ich andere Hunde fotografiere, die auf »Bakkies' Sessel« schlafen, ist darauf später immer irgendwo eine Art Lichtkreis zu sehen. Ich hatte nie zuvor ein Foto von einem Lichtkreis gemacht, und als ich also zwei Wochen nach Bakkies' Tod den ersten sah, ging ich zunächst davon aus, dass irgendetwas mit meiner Kamera nicht stimmte.

Diese Geschichte brachte mich zum Weinen und zum Lächeln. Es ist sehr traurig, dass die arme Hayley so viele geliebte Haustiere verloren hat, aber sie alle schienen aus einem bestimmten Grund zu ihr gekommen zu sein. Es fiel mir schwer zu entscheiden, in welches Kapitel ich diese

Geschichte einordnen sollte, doch ich gebe sie hier wieder, weil ich glaube, dass der ursprüngliche »Storm« in den Körpern unterschiedlicher Gattungen wiederkam, um genau in dem Moment, in der Situation, bei Hayley zu sein, um ihr das Leben zu retten, wie Bakkies es tat. Hoffentlich wird sie sich jetzt, wo dieser Vorfall vorbei ist, einer langen und problemfreien Verbindung mit Mhousse erfreuen.

Tatsächlich gibt es noch eine Ergänzung zu dieser Geschichte, und sie betrifft Scout, den Papagei. Vor Kurzem begann er, die Geräusche der Spielzeuge, die Hayleys verstorbenen Tieren gehörten, nachzumachen. Hayley freute sich wahnsinnig über diesen Kontakt, fürchtete jedoch zugleich, dies könnte bedeuten, dass ihre verstorbenen Lieblinge unglücklich waren oder von ihr zurückgehalten wurden. Ich antwortete ihr:

Es bedeutet nicht, dass sie unglücklich sind oder nicht weitergehen, da ein Teil von uns allen – egal ob wir gegenwärtig hier leben oder nicht – in der geistigen Welt bleibt. Dieser Teil kann immer in Verbindung bleiben, auch wenn Ihre Lieblinge sich in neuen Körpern inkarniert haben – ein Teil von ihnen könnte immer noch Kontakt mit Ihnen aufnehmen. Sie schicken die Botschaften, weil sie Sie lieben und einen Weg gefunden haben, zu Ihnen zu sprechen.

SICH UM DIE DINGE KÜMMERN

Stephanie erzählte mir diese schöne Geschichte über eine Hündin, die sichergehen wollte, dass ihre Besitzer nach ihrem Tod einen anderen Hund finden würden, den sie lieben würden und der nicht eher gehen würde als sie.

Wir adoptierten Lucy, einen vier Jahre alten Cockerspaniel, der ein neues Zuhause suchte, nachdem seine Besitzer sich getrennt hatten. Tony, mein Ehemann, und ich ließen sie in unser Heim und unsere Herzen, und fast fünf Jahre lang lebten wir in friedlichster Eintracht. Wir waren beide seit einem Jahr pensioniert und hatten mehr als genug Zeit, um Lucy zu helfen, sich in ihrem neuen Zuhause gut einzuleben – was keine geringe Aufgabe darstellte, so stark war ihre Loyalität gegenüber ihren vorherigen Besitzern. Wir beteten sie an, und sie betete uns an. Sie war ständig in unserer Nähe. Dann plötzlich, an einem schönen Junitag, hatte sie Atemprobleme, die, wie sich herausstellte, ein Symptom eines schweren Herzversagens waren, und der Tierarzt ging davon aus, dass sie die Nacht nicht überleben würde. Wie durch ein Wunder überlebte sie jedoch und mithilfe von Medikamenten erholte Luca sich, und innerhalb weniger Tage kehrte das Leben in unserem Haus wieder in seine gewohnten Bahnen zurück.

Alles schien in Ordnung zu sein. Am 10. Dezember war mein Mann nicht zu Hause, während Lucy es sich in einem Sessel mit cremefarbenem Samtüberzug bequem gemacht hatte. Unser Wohnzimmer hatte eine Glastür und ein Glasfenster zum Flur hinaus. Plötzlich stellte Lucy sich auf den Sessel und wedelte in großer Freude mit dem Schwanz. Ich sah, dass sie zur Tür hinausschaute, und was immer sie dort sah, es musste sich bewegt haben, da sie ihren Blick zum Fenster verlagerte. Überzeugt, dass mein Mann zurückgekommen war, ging ich hinaus, um ihn zu begrüßen, nur um festzustellen, dass niemand da war. Das Ganze kam mir irgendwie unheimlich vor, und als mein Mann schließlich heimkam, sagte ich ihm, dass ich Angst hätte, Lucy würde bald sterben, und dass jemand gekommen war, um sie zu holen. Das war am Mittwoch, und am Samstag starb unser

Liebling. Wir sind überzeugt, dass irgendein Mensch oder ein Tier sie abgeholt hat. Wer immer es gewesen sein mochte, er hatte bei Lucy absolute Freude ausgelöst, was uns ein wenig tröstet.

Nachdem wir sie im Garten begraben hatten, ebnete mein Mann die Erde wieder ein, während ich traurig vom Fenster aus zusah und zu meinem Erstaunen feststellte, dass er lächelte. Als er hereinkam, sagte er, dass soeben etwas sehr Eigenartiges passiert war. Lucy liebte ein bestimmtes Lied, das mein Mann ihr oft vorgesungen und bei dem sie immer in den höchsten Tönen zu jaulen begonnen hatte, was uns alle zum Lachen gebracht hatte. Sie liebte dieses gemeinsame »Singen« und begann zuweilen mit dem Lied, indem sie komische Töne von sich gab und uns erwartungsvoll anblickte, was das Signal war, in den Gesang mit einzustimmen! Mein Mann sagte, dass ihm dieses Lied in den Sinn gekommen war, während er sich um das Grab gekümmert hatte, und dass er deswegen lächeln musste. Im Laufe jenes Tages sagte ich meinem Mann, dass ich neidisch gewesen war, weil Lucy Kontakt mit ihm aufgenommen hatte.

Abends gingen wir zu Bett, die erste schlimme Nacht ohne unsere Kleine, und in der Nacht träumte ich, doch es war mehr als ein Traum. Ich war wieder im Wohnzimmer, Lucy saß in dem bereits erwähnten Sessel, und obwohl der Raum dunkel war, war sie von einem hellen Licht umgeben. Sie leckte mein Gesicht, wedelte wie verrückt mit dem Schwanz und sprang vor lauter Freude über unser Wiedersehen wie ein Wirbelwind im Zimmer herum, doch ich wusste, dass es nicht für immer war und sie wieder gehen würde. Plötzlich standen wir vor dem Kamin, der in einem dunklen Tunnel nach oben führte, und sie verschwand darin. Eine Kuckucksuhr auf dem Kaminsims stand auf einmal schief, und im gleichen Moment sprang die kleine Tür an ihrer Vorderseite auf.

Ich schreckte aus dem Schlaf auf, mein Herz schlug wie wild, und die Tränen liefen mir übers Gesicht. Ich weckte Tony auf und erzählte ihm, dass ich Lucy gesehen hatte. Er erwiderte, dass er in seinem Abendgebet, wenige Minuten bevor ich den Traum hatte, mit Lucy gesprochen und sie gebeten hatte, mich zu besuchen, da ich sie unbedingt noch einmal sehen musste. Das tröstete mich enorm und machte mich sehr glücklich – für eine kurze Zeit. Dann sprachen wir über die schief stehende Uhr und darüber, dass die Tür an ihrer Vorderseite aufgesprungen war, und kamen überein, dass dies bedeutete, dass Lucy gehen musste oder dass ihre Zeit gekommen war.

Im Laufe der nächsten Woche machten wir uns auf die Suche nach einem neuen Welpen. Ich kannte eine Züchterin, die mir sagte, sie hätte nur noch einen Welpen übrig. Ich fürchtete, dass es sich dabei vielleicht um den Schwächsten des Wurfs handeln könnte, doch sie sagte, dem sei nicht so – die Kleine spielte sich nur einfach nicht in den Vordergrund, sobald ein potenzieller Interessent auftauchte, war jedoch mit Sicherheit weder schwach noch scheu. All die anderen Hundebabys stürzten sich regelrecht auf die Besucher, doch aus irgendeinem Grund saß dieses Kleine nur im Hintergrund und beobachtete alles. Wir wollten den Hund unbedingt sehen. Erwartungsvoll suchte ich nach einem Welpen irgendwo im Hintergrund, konnte jedoch keinen sehen. So fragte ich die Besitzerin, wo denn der verfügbare Welpe war, und überrascht antwortete sie lachend, dass Tony ihn im Arm hielt. Sie war direkt zu ihm gelaufen! Auch in diesem Fall sind wir überzeugt, dass Lucy Kontakt mit dem Welpen aufgenommen und ihm gesagt hatte, er solle sich zurückhalten, bis wir kommen. Natürlich kauften wir die Kleine.

Weiter passierte nichts, außer dass uns beiden das bereits erwähnte Lied in jenem ersten Jahr immer wieder in den

Sinn kam, und jedes Mal wussten wir, dass Lucy auf diese Weise Kontakt herstellte. Eines Nachts stand Tony auf, weil er auf die Toilette musste. Wir wohnen in einem Bungalow, und auf dem Weg zum Bad warf er einen flüchtigen Blick durch den dunklen Flur ins Wohnzimmer und sah Lucy auf der Rückenlehne des Sessels sitzen, wie es ihre Gewohnheit gewesen war. Wir akzeptierten es, dass sie uns besuchte.

Nach Lucys Tod hatte Tony beim Tierarzt eine Locke von ihrem Fell abgeschnitten. Ich hatte sie in Seidenpapier eingepackt und es mehrmals gefaltet, bis es ungefähr vier Zentimeter groß war. Dann hatte ich das Päckchen in einen kleinen Wildlederbeutel gelegt, fest zugeschnürt und unter mein Kopfkissen gelegt. Am ersten Jahrestag von Lucys Tod wollte ich mir ihre Locke anschauen, nur um noch einmal ihr weiches Fell zu spüren. Vorsichtig wickelte ich den Beutel und das Seidenpapier auf, was beinahe unmöglich war, da ich ein Jahr lang darauf gelegen hatte, aber schließlich gelang es mir – doch zu meinem ungläubigen Erstaunen stellte ich fest, dass nichts mehr da war; nichts deutete darauf hin, dass einmal ein Stückchen Fell darin eingewickelt gewesen war.

Ich starrte mit offenem Mund auf das leere Seidenpapier. Die einzige Erklärung, die uns einfiel, war, dass Lucy das Stückchen Fell einfach genommen hatte als Zeichen dafür, dass sie an diesem Tag Kontakt mit uns hergestellt hatte. Als wir abends zu Bett gingen, fragte Tony, ob Molly (unser neuer Hund) bei mir war, da er soeben aus dem Augenwinkel einen Hund gesehen hatte, der durch das Wohnzimmer lief, doch Molly hatte die ganze Zeit neben meinem Bett gelegen, also handelte es sich eindeutig um einen erneuten Besuch von Lucy.

In dieser Nacht wachte ich auf und dachte über das nicht mehr vorhandene Fellstückchen in dem Wildlederbeutel nach. Ich fragte mich, ob es vielleicht irgendeine andere Erklärung gab, die ich übersehen hatte, obgleich ich in meinem Herzen genau wusste, dass Lucy es an sich genommen hatte – doch man versucht natürlich, sich nicht selbst zum Narren zu halten, man möchte sicher sein. Während ich so nachdachte, langte ich unter das Kopfkissen nach dem jetzt leeren Beutelchen, zog meine Hand jedoch sofort zurück, da es sich so heiß anfühlte. Wenn ich die Intensität der Hitze beschreiben sollte, würde ich sagen, dass ich – hätte ich den Beutel gesehen – erwartet hätte, dass er glühen würde, so stark war die Hitze, die von ihm ausstrahlte. Wir sahen darin eine weitere Bestätigung, dass Lucy tatsächlich die Locke entfernt hatte, um Kontakt aufzunehmen, und dass ihre Energie noch immer in dem Beutel war, in dem ihre Locke einige Stunden gelegen hatte.

Im Laufe der nächsten Tage versuchte ich natürlich, das Geschehen zu wiederholen, indem ich unter mein Kopfkissen griff und mich versicherte, dass das Beutelchen immer noch da war, doch jedes Mal fühlte es sich kalt an. Seit damals ist nichts Vergleichbares mehr passiert. Es hat den Anschein, dass Lucy uns durch jenes erste schlimme Jahr half, dafür sorgte, dass wir mit unserer neuen Molly glücklich sind, und dann weiterging.

SCHATTENTIERE

Sallyannes Geschichte handelt von einem ganz besonderen Hund, der sie vor Schaden bewahrte.

Als Kind habe ich immer im Wald gespielt. Ich denke, damals war es sicherer als heute, doch außer der Warnung meiner Eltern, »nicht mit Fremden zu sprechen«, war ich so ziemlich mir selbst überlassen. Zudem war ich eher ein Einzelgänger und zog es vor, auf dem Feld neben den Kühen zu spielen, die mich nicht ärgerten oder mir sonstige Probleme bereiteten. Wenn ich in den Wald ging, fürchtete ich mich nie vor den Bäumen, und es verwunderte mich wirklich, dass andere Kinder Angst vor ihnen hatten. Sie sagten, sie würden Gesichter in den Stämmen sehen, böse Geister, die mit knotigen Armen nach ihnen griffen und sie dann hinunter in die Erde oder in die Öffnung des Baumes zogen. Für mich hörte sich das total verrückt an. Ich ging sogar bei Sonnenuntergang in den Wald und hatte nie Angst – nun, jedenfalls nicht vor den Bäumen. Fast meine ganze Kindheit lang hatte ich meine Hündin Tallow, die mir Gesellschaft leistete und dafür sorgte, dass mir nichts passierte. Wir sind zusammen aufgewachsen; meine Eltern hatten sie ins Haus geholt, als ich zwei Jahre alt war. Was ich Ihnen jetzt erzähle, geschah, als Tallow sich von einer kleinen Operation erholte und nicht mit mir hinausgehen konnte. Am Morgen jenes Tages hatte ich sie an mich gedrückt und ihr gesagt, dass ich nur mal kurz allein weggehen würde. Ich spielte draußen und vergaß die Zeit. Als ich mich auf den Nachhauseweg machte, war es schon beinahe dunkel. Ich war schon fast aus dem Wald heraus, als ich das Geräusch von knackenden Ästen und Schritte hörte. Ich wusste, dass in der Nähe ein paar Camper waren, aber ich hatte keine Angst vor ihnen und dachte, dass einer von ihnen vielleicht auf Hasenjagd war oder etwas Ähnliches. Doch nach einer Weile hörte ich die Schritte von vorn statt von hinten und wusste instinktiv, dass diese Person irgendetwas Ungutes im Schilde führte, so wie sie um mich herumgeschlichen war und mir den Weg abschneiden wollte. Als der Mann aus dem Gebüsch vor mir heraustrat, wollte ich schreien, aber aus meinem Mund kam kein Ton. Abgesehen davon war ich zu weit von den Häusern entfernt, als dass irgendjemand mich hätte hören können. Der Mann war ungefähr 30, sah ziemlich mitgenommen aus und hatte zweifellos nichts Gutes im Sinn. Er lächelte schief und kam auf mich zu und trieb mich ins Unterholz. Bald würde es keinen Ausweg mehr geben – das wusste ich, aber ich konnte nicht mehr weglaufen und war gezwungen, mich immer weiter rückwärts zu bewegen. Dann fühlte ich das dornige Gebüsch hinter mir und wusste, es gab kein Entkommen.

»Komm her, meine Kleine, sei nicht so scheu«, sagte der Mann.

Seine Worte machten meine Kehle frei, und ich war in der Lage, ein Wort herauszuschreien: »Tallow!«

Ich weiß nicht, warum ich das tat, da ich ja wusste, dass meine kleine Beschützerin mich nicht hören konnte, lag sie doch zu Hause auf ihrem Bett. Ich schätze, auch der Mann wusste, dass sie nicht in der Nähe war, denn er lächelte wieder. Er streckte seine Arme aus und machte einen Schritt auf mich zu – als plötzlich ein Schatten hinter ihm auftauchte. Was immer es war, es flog durch die Luft, und im nächsten Moment kam der Mann ins Schwanken und fiel auf den Boden. Jetzt war es an ihm, zu schreien. Alles ging so schnell, dass ich nicht mit Sicherheit sagen kann, was ich gesehen habe, da ich so schnell ich konnte wegrannte und erst stehen blieb, als ich durch die Hintertür unseres Hauses stolperte und neben Tallow, die mich begeistert mit ihrer nassen Zunge begrüßte, auf die Knie fiel. Doch wusste ich, was passiert war. Irgendwie hatte mein liebster, mutigster Hund meinen Schrei gehört und seinen Schatten geschickt, um mich zu retten. Meinen Eltern habe ich nie erzählt, was damals im Wald passiert war, doch mit Ihnen, Jenny, teile ich diese Geschichte, weil es meiner Meinung nach wichtig ist, dass die Leute erfahren, wozu ein geliebtes Tier fähig ist. Danach bin ich nie mehr ohne Tallow in den Wald gegangen.

Ich habe schon früher von Schattentieren gehört, wobei sich dieser Begriff in der Regel auf Tiere zu beziehen scheint, die gestorben und in dieser Gestalt zurückgekehrt sind. Dies ist bis jetzt die einzige Geschichte eines Hundes, der sich bereits zu Lebzeiten in einen »Schatten« verwandelt hat. Sollten Sie schon einmal etwas Ähnliches gehört haben, lassen Sie es mich bitte wissen!

Es erinnert mich ein wenig an meine alte Hündin Sally, die ständige Begleiterin meiner Kindheit. Ich habe sie zwar nie als Schatten gesehen, doch diese Fähigkeit, die Tallow an den Tag gelegt hat, kann unter Umständen eine Erklärung für einige sehr merkwürdige Ereignisse sein. Sally war hin und wieder im Haus eingeschlossen, während ich und/oder andere Kinder auf der Straße Ball spielten. Sallys Bett befand sich in einem kleinen Nebengebäude, in dem es nur ein hoch gelegenes Fenster gab, daher konnte sie uns nicht sehen. Ziemlich oft, genau genommen fast immer, verschwand unser Ball irgendwann in dem dichten Gebüsch und der Hecke auf dem leeren Grundstück gegenüber unserem Haus, die mehrere Hundert Meter lang und ungefähr zehn Meter dick war. Trotz größter Bemühungen schien der Ball ein für alle Mal verloren zu sein. Dann fingen die anderen Kinder sofort an, nach Sally zu rufen, und wenn ich nicht schon dabei war, klopften sie an die Tür, damit ich sie herausließ. Dann verschwand Sally einfach in der Hecke, ohne dass ich ihr gesagt hatte, was sie tun sollte. Und jedes Mal, ohne Ausnahme, erschien sie ein paar Sekunden später wieder mit dem Ball im Maul. Das war seltsam, denn ich glaube nicht, dass sie den Ball durch seinen Geruch gefunden hat, da er nach Dutzenden von Kindern gerochen haben musste, doch zögerte sie nie, schnüffelte nie, sondern lief direkt zu dem Ball, so als hätte sie nicht nur gesehen, wie er im Unterholz verschwand, sondern sogar, wo genau er gelandet war. Nun, da ich die Geschichte von Tallow kenne, frage ich mich, ob nicht vielleicht auch Sally in der Lage war, ihren Schatten dorthin zu schicken, wo sie selbst nicht hingehen konnte.

FREE SPIRIT

Brenda hat mir diese Geschichte geschickt:

Mein Hund Tinker lag mir ganz besonders am Herzen. Jede Nacht schlief er auf meinem Bett und »beschützte« mich sogar vor meinen Eltern, wenn sie ins Zimmer kamen, um zu sehen, ob ich noch las! Wir wohnten auf dem Land, ungefähr einen Kilometer von der Hauptstraße und der örtlichen Bushaltestelle entfernt. Meine Mutter ging abends mit den Hunden (wir hatten zwei) zur Haltestelle, um meine ältere Schwester abzuholen, die mit dem letzten Bus kam. Tinker hatte die Angewohnheit, sein »Halsband abzustreifen«. Er war es gewohnt, zu Hause frei herumzulaufen, und hasste es, ein Halsband zu tragen.

An diesem bestimmten Abend ging meine Mutter wie üblich los, um meine Schwester abzuholen, und ich hatte plötzlich die schlimme Vorahnung, dass Tinker sterben würde, wenn er mitginge. Ich flehte meine Mutter an, Tinker zu Hause zu lassen und nur unseren anderen Hund mitzunehmen, aber sie ließ sich nicht erweichen und meinte, ich solle mich nicht so anstellen. Aber ich wusste einfach, dass ich ihn nicht wiedersehen würde. Als meine Schwester an jenem Abend auf der anderen Straßenseite aus dem Bus stieg, war Tinker ganz aufgeregt, als er sie sah, streifte sein Halsband ab und rannte über die Straße, um sie zu begrüßen. Dabei wurde er von einem Tanklastzug erfasst.

Bis zum heutigen Tag fühle ich ihn abends manchmal in meiner Nähe, wenn ich ins Bett gehe. Es fühlt sich an, als könnte ich meine Beine nicht ausstrecken, weil er darauf sitzt, und wann immer das passiert, weiß ich einfach, dass er bei mir ist. Ich war erst 14, als ich meinen geliebten Hund verlor, doch ich erinnere mich an jenen Abend, als wäre es gestern gewesen, und ich weiß, dass Tinker jetzt nie mehr ein Halsband tragen muss.

KLEINE MAUS GANZ GROSS

Jasons Geschichte (ich habe seinen Namen geändert, da seine Eltern – aus verständlichen Gründen – nicht mit dieser Geschichte in Verbindung gebracht werden wollten):

Früher haben mich die Leute oft ausgelacht, weil ich immer eine oder zwei zahme Mäuse bei mir hatte. Natürlich haben manche Leute auch nicht gelacht; vielmehr haben sie geschrien, wenn plötzlich zwei kleine runde Ohren und ein zuckendes Näschen aus meiner Tasche lugten. Doch diese Leute waren die Dummen, nicht ich. Ich hatte immer viele Mäuse – manchmal waren mehr als zwanzig in meinem Schlafzimmer. Ich ließ sie gerne frei in meinem Zimmer herumlaufen, aber meine Mutter hatte immer Angst, dass sie entwischen und durchs ganze Haus rennen würden. Ich hätte nichts dagegen gehabt, doch wusste ich, dass meine Mutter der Versuchung nicht hätte widerstehen können, Fallen aufzustellen, und das wäre mir nun gar nicht recht gewesen.

Die Leute hielten es für unmöglich, dass ich alle meine Mäuse voneinander unterscheiden oder ihre Namen behalten könnte, aber natürlich konnte ich das. Für mich war jede von ihnen eine Persönlichkeit mit unterschiedlichen Verhaltensweisen, Körpermarkierungen und einem anderen Gesicht. Mein Liebling war ein kleiner Kerl, den ich Jerry genannt hatte. Nicht sehr originell, aber so war es nun mal. Als ich ungefähr zwölf war, geschah etwas Seltsames, was zur Folge hatte, dass auch meine Mom plötzlich Mäuse liebte. Dad war ein starker Raucher, ebenso meine Mom, obwohl sie immer wieder versuchte, damit aufzuhören. Wie oft hatte sie Vater gebeten, damit aufzuhören, indem sie klagte, dass sie allein nicht aufhören könnte, doch er wollte nichts davon hören. Ich hasste den Zigarettenrauch, was dazu führte, dass ich immer mehr Zeit in meinem Zimmer mit meinen Mäusen verbrachte.

Als Jerry krank wurde, war ich wirklich verzweifelt, denn er war mein Freund. Ich nahm ihn ständig überallhin mit. Er war die einzige schwarz-weiße Maus, die  ich jemals hatte – und gleich werden Sie sehen, warum das wichtig ist. Zu dem Zeitpunkt, als Jerry bei mir war, gab es nicht so viele Mäuse zur Auswahl, und alle anderen waren weiß, schwarz oder braun, also einfarbig. Ich rettete Jerry aus einer Tierhandlung, wo er in einem winzigen Käfig saß und kleine Stücke aus seinem Fell gerissen hatte, weil es ihm so elend ging. Ich schwöre, er schrie mir zu, ihn mit nach Hause zu nehmen. Wie auch immer, ich kaufte ihn. Jerry war praktisch 24 Stunden am Tag mit mir zusammen, selbst in der Schule. Er hatte schnell gelernt, schön brav in meiner Hosentasche zu bleiben und nicht herauszulugen, also merkte in der Regel niemand was davon. Doch dann wurde er krank und starb. Ich möchte jetzt nicht ins Detail gehen, doch Tatsache ist, dass ich ihn noch Wochen später in meiner Hosentasche fühlen konnte.

Eines Nachts, als wir alle schon schliefen, war mein Vater im Sessel eingenickt. Irgendwann wachte er auf und ging ins

Bett, vergaß jedoch, dass er eine Zigarette in der Hand gehalten hatte, als er im Sessel eingenickt war. Die Zigarette muss langsam heruntergebrannt sein, bis die Glut im Sessel schwelte und diesen schließlich in Brand setzte, nachdem Dad ins Bett gegangen war. Irgendwann wachte ich auf, weil ich spürte, wie ein Mäuseschwänzchen zitternd meinen Mund berührte. Ich öffnete die Augen, und da hockte Jerry auf meiner Nase, starrte mir in die Augen, und ich fühlte, wie sein Schwänzchen immer wieder über meinen Mund fuhr. Sein schwarzes und sein weißes Ohr waren deutlich im Schein der Straßenlaterne vor meinem Fenster zu sehen. Das Nächste, was ich wahrnahm, war Brandgeruch. In diesem Augenblick verschwand Jerry plötzlich, und ich sprang aus dem Bett. Eine kleine Rauchwolke stieg in Ringen unter der Tür hindurch in mein Zimmer hoch. Ich fing an zu schreien, und meine Eltern wachten auf. Sie kamen in mein Zimmer gelaufen und sagten, die Treppe stünde in Flammen, und wir alle krochen in unserer Nachtwäsche aus dem Fenster auf das Vordach und rutschten hinunter auf den Boden. Natürlich hatte ich mir schnell noch den Käfig mit meinen Mäusen geschnappt, bevor ich bereit war zu gehen.

Ich sah mich noch einmal in meinem Zimmer um, bevor ich sprang, denn ich fürchtet, dass ich vielleicht doch eine schwarz-weiße Maus zurückgelassen hatte. Aber ich konnte nichts erkennen, und außerdem wusste ich, dass die Maus ein Geist gewesen sein musste, denn Jerry war ja schon gestorben. Das Haus brannte bis auf die Grundmauern ab, doch wir alle kamen mit heiler Haut davon.

Ich war erstaunt, dass meine Mutter mir meine Geschichte mit der Maus glaubte. Dad sagte, das wäre völlig unmöglich, ich hätte mir das nur eingebildet – aber er gab das Rauchen auf.

Helden gibt es in allen möglichen Formen und Größen, doch muss ich zugeben, dass dies die erste und bis jetzt einzige heldenhafte Maus ist, von der ich gehört habe. Ich bin sicher, Sie werden mich wissen lassen, wenn Ihnen ähnliche Fälle bekannt sind! Es hat den Anschein, als habe Jerry »seine Schuld beglichen« und Jason gerettet als Gegenleistung dafür, dass dieser ihn aus seinem Elend in der Tierhandlung erlöst hatte.

4

Ich bin zurück!

Haustiere, die wiedergeboren und in einem
neuen Körper zu ihren Besitzern zurückgekehrt sind,
manchmal sogar im Körper einer anderen Spezies.

Alle unsere Seelen waren einst in den Körpern von Tieren enthalten. Nur im Wissen um diese Tatsache können wir jemals hoffen, spirituell und zugleich menschlich zu sein.

Jenny Smedley

Da das Hauptthema in meinem spirituellen Leben seit jeher Reinkarnation gewesen ist, finde ich es faszinierend, dass die meisten der mir zugeschickten Geschichten über Haustiere in diese Rubrik gehören. Vielleicht ziehe ich solche Geschichten einfach an, oder vielleicht wird das Thema in dieser Welt, in der wir leben, immer relevanter.

HUND UND KATZ

Von Kathleen stammt diese Geschichte:

Mork, mein Katzenliebling, kam als einziger Überlebender eines Wurfs zu mir. Er schien von einem besonders starken Lebenswillen durchdrungen zu sein, da er den Verlust seiner Mutter und seiner Geschwister überlebte, als er gerade mal zwei Wochen alt war. Ich zog ihn mit der Flasche auf und gab ihm alles, was er brauchte, und zu meiner großen Freude überlebte er. Wahrscheinlich entstand in dieser Zeit die tiefe Verbindung zwischen uns, die von Anfang an spürbar war. Er war für mich mehr als ein Haustier, vielmehr wie ein Kind, und selbst meine Kinder denken noch heute an ihn eher als an einen Bruder und nicht nur als ein Haustier. Viele Male während der 18 Jahre, die er bei uns war, schwebte er aus den verschiedensten Gründen in Lebensgefahr. Sei es, dass er in einen Kampf mit einem anderen Kater geriet, vielleicht einer Wildkatze, was ihm eine böse Infektion einbrachte, die ihn um Haaresbreite das Leben kostete. Ich pflegte ihn, bis er wieder gesund war. An einem schicksalsschweren Tag Jahre später errettete ich Mork vor einem Hund in der Nachbarschaft. Er war von diesem so schlimm gebissen worden (innerlich beinahe durchgebissen), dass er sich nach einer wilden Fahrt im Schneesturm zur Notaufnahme einer langwierigen Operation unterziehen musste. Wundersamerweise erholte er sich von seinen Verletzungen. Wieder ein paar Jahre später fand ich ihn todkrank im Garten an einer schwer zugänglichen Stelle. Ich hob ihn auf und brachte ihn ins Tierkrankenhaus. Die Diagnose lautete auf schwere Anämie. Ich nahm den armen halbtoten Kerl wieder mit nach Hause. Er war dem Sterben so nahe, dass seine Körpertemperatur niedrig und er halb bewusstlos und im Delirium war. Es sah aus, als würde er die nächsten Stunden nicht überleben. Die ganze Nacht saß ich bei ihm, sorgte dafür, dass er es warm hatte und genug Wasser zu sich nahm, damit er nicht dehydrierte, und als der Morgen graute, wusste ich, dass meine Bemühungen nicht umsonst gewesen waren, da er kein Nierenversagen erlitten hatte! Er stand auf und pinkelte im nächsten Moment auf meinen Korb frisch gewaschener Wäsche. Ich war überglücklich!

Danach verlief einige Jahre alles in geordneten Bahnen, es gab keine bösen Überraschungen mehr mit Mork, und wir genossen die Zeit mit ihm.

Eines Tages sagte mir der Tierarzt, dass Morks Nieren schwach waren und bald versagen würden. Ich fragte nach Nierentransplantationen für Katzen; Mork war wie mein Kind, und ich hätte alles getan, um ihn so lange wie möglich am Leben zu halten. Der Arzt sagte mir, dass man keine Nierentransplantationen bei Tieren durchführen würde. (Kurz danach machte die Veterinärmedizin enorme Fortschritte in diesem Bereich – allerdings zu spät für meinen Mork.) Wir machten uns auf das Unvermeidliche gefasst, und ungefähr ein Jahr nach dieser traurigen Prognose begannen Morks Nieren tatsächlich zu versagen. Er starb friedlich in meinem Schlafzimmer, und wir begruben ihn an einer besonders schönen Stelle im Garten nahe der Haustür.

Sein Tod hinterließ ein großes Loch in unserer Familie. Kurz nach Morks Diagnose hatten wir uns ein Katzenjunges ins Haus geholt, das wir Korkey nannten. Sie war eine langhaarige orangefarbene Katze ähnlich wie Mork, und sie war entzückend und süß, aber irgendwie vermochte sie nicht die Leere auszufüllen, die Mork hinterließ.

Einige Jahre vergingen, und irgendwann verspürten wir den Wunsch, uns einen kleinen Hund als Gefährten zuzulegen. Monatelang recherchierten wir die Züchtungen, die unseren Bedürfnissen entsprechen würden, und hatten uns weitgehend entschieden, dass es entweder ein Mops *(Pug)* oder ein Boston Terrier sein sollte. Als wir eines Tages mit dem Auto unterwegs waren, kamen wir an einer Tierhandlung vorbei und sahen draußen ein Schild mit der Aufschrift »Puggleys«. »Puggley? Was ist ein Puggley?«, fragten wir uns. Also fuhren wir zurück und gingen in den Laden, um herauszufinden, was ein Puggley war.

Als wir den Laden betraten, sahen wir als Erstes einen kleinen Hund in einem Käfig. Er sah ein wenig wie ein kleiner brauner Bär aus. Ich liebte ihn auf den ersten Blick. Dies war eine Tierhandlung, in der ich im Laufe der Jahre oft gewesen war und mir die Hundewelpen angeschaut hatte, ohne je das Bedürfnis zu verspüren, eines von ihnen mit nach Hause zu nehmen. Mir war nie der Gedanke gekommen, ein Haustier aus einer Tierhandlung zu kaufen, denn wer weiß schon, aus welcher »Hundefarm« all diese Welpen stammten. An diesem Tag fuhren wir ohne das kleine braune Bären-Hundebaby nach Hause, doch den ganzen Abend ging er mir nicht aus dem Sinn. Ich bestand darauf, am nächsten Tag noch einmal hinzufahren, um zu sehen, ob er noch da war. Als ich im Morgengrauen aufwachte, stand für mich fest, dass der kleine Kerl mir gehören würde.

Ich brachte ihn nach Hause und verkündete allen Freunden und Verwandten, dass wir ein neues Familienmitglied hätten, und fügte ein Foto bei. Mehrere Leute fragten: »Was ist das?« Ich schaute mir das Foto an und musste zugeben, dass nicht zu erkennen war, welcher Spezies oder Rasse er angehörte. Auf dem Foto sah er eher wie ein kleines Kätzchen aus. Ich sah mich gezwungen, einen Widerruf zu verschicken, in dem ich erklärte, dass es sich um einen Welpen handelte. Wir nannten ihn Zammis. Von Anfang an bestand ein enges Band zwischen ihm und mir, und schon bald musste ich ihn zur Notaufnahme bringen – es war wie in alten Zeiten. Bald merkte ich, dass Zammis' Eigenarten denen ähnelten, die Mork zur Schau gestellt hatte. Er saß gerne mit dem Rücken zu mir, so wie es Mork immer getan hatte, als ob er mich beschützen würde. Auch die Farbe seines Fells (des Unterhaars) war ähnlich wie bei Mork. Möglicherweise war Mork zum Teil eine Maine-Coon-Katze gewesen. Ihn hatte eine Art Mähne um Kopf und Hals geziert, und bei

Zammis war es genauso. Und dann waren da noch die Mais-chips. Mork war immer verrückt nach Mais-Tortillachips gewesen. Wenn ich sie gegessen hatte, sprang er auf meinen Schoß und schnappte sie mir unversehens aus der Hand, wenn ich sie mir gerade in den Mund stecken wollte. Auch Zammis fing damit an. Er ist sofort zur Stelle, sobald er hört, wie ich Tortillachips esse, und besteht darauf, dass ich ihm welche gebe, genau wie Mork es getan hat. Zammis stellt überhaupt viele katzenähnliche Eigenschaften zur Schau.

Außerdem hatte er von Anfang an eine liebevolle Beziehung mit Korkey, die bei uns war, als Mork langsam alt und krank wurde. Korkey hieß Zammis willkommen, ohne dass es jemals zu irgendwelchen Hund-und-Katz-Problemen kam. Oft sah ich sie, wie sie zusammengekuschelt auf dem Bett schliefen, wobei Zammis sich lang ausstreckte und seine Pfoten übereinanderlagen, so als hielte er sich selbst für eine Katze.

Mittlerweile habe ich sieben Hunde, und im Laufe der Jahre hatte ich viele Katzen, doch meine Beziehung mit Mork war so anders und etwas ganz Besonderes, und meine Beziehung mit Zammis fühlt sich fast genauso an. Bei ihnen spüre ich eine spezielle Seelenverbindung. Ich kann nicht mit Sicherheit sagen, dass es sich bei ihnen um ein und dieselbe Seele handelt, doch habe ich das starke Gefühl, dass Mork nach wie vor bei mir ist und immer bei mir sein wird.

WENN SIE SPRECHEN KÖNNTEN

Charlotte hat mir diese Geschichte geschickt:

Ich habe mein kleines Papageienweibchen Messinah letztes Jahr kurz vor Weihnachten verloren. Sie war in den einein-halb Jahren, die wir gemeinsam verbracht haben, wie mein

Baby. Als sie in meinen Armen starb, war ich total verzweifelt. Einige Zeit später kaufte ich mein nächstes Kakariki-Baby und nannte es Kizzie. Mir fiel auf, dass sie auf den Tag genau zwei Monate nach Messinahs Tod geboren wurde. Und sie ist ihr so ähnlich, dass es schier unheimlich ist, sowohl in ihren Verhaltensweisen als auch in ihrem Auftreten mir gegenüber. Kürzlich flog sie auf Messinahs Urne und starrte lange das Foto an, das in einem Rahmen dahinter steht und auf dem ich mit Messinah zu sehen bin. Zudem war da noch dieser Moment genau einen Monat nach Messinahs Tod, als ich meinen kleinen Liebling beweinte und plötzlich merkte, dass eine ihrer gelben Federn aus meiner Hosentasche lugte, was ich unheimlich fand, weil ich diese Hose erst nach Messinahs Tod gekauft hatte und genau wusste, dass meine Hosentasche leer gewesen war. Ich glaube, es war eine Feder aus ihrem Flügel. Natürlich habe ich sie aufbewahrt, und wie ich schon sagte, einen Monat später wurde Kizzie geboren!

Und noch etwas: Messinah hatte mit ungefähr sechs Monaten einen Unfall, bei dem ihr der Kopf zwischen Tür und Rahmen eingequetscht worden war. Seit jenem Tag hatte ihr rechtes Auge an der Stelle, wo es verletzt worden war, immer ausgesehen, als würde es blinzeln, während ihr linkes Auge völlig normal war. Und bei Kizzie ist es genauso, obwohl sie keinen Unfall hatte. Sie sieht einfach immer so aus, als würde sie blinzeln. Ich ließ sie vom Tierarzt untersuchen, der mir sagte, sie sei völlig gesund und ihr würde nicht das Geringste fehlen.

Es ist wunderbar, wenn Menschen physische Beweise für die Wiederkehr ihres Haustieres erhalten, da diese keinen Raum für Zweifel lassen.

DER »WECHSELBALG«

Von Jan kommt die folgende Geschichte:

Vor einigen Jahren saß ich eines Tages in meinem Wohnzimmer, umgeben von meinen Kristallen, die ich aussortierte, während mein Ägyptischer Mau-Kater Simba neben mir saß und mir zusah. Irgendwann unterbrach ich meine Arbeit und schaute hoch, als sich unsere Blicke trafen, und dann passierte etwas Unglaubliches. Ich sah, wie sich Simbas Gesicht und Körper langsam in eine völlig andere Katze verwandelten. Sein Gesicht und sein Körper veränderten sich, er war plötzlich viel, viel magerer, und sein Fell hatte eine ganz andere Farbe.

Ich wusste sofort, dass er meine Katze aus einem früheren Leben war. Dann verwandelten sich seine Züge wieder in die von Simba, und er lächelte mich schelmisch an! Das war ein erstaunlicher Moment, den ich nie vergessen werde.

GOLDENE AUGEN

Und hier ist Judys Geschichte:

Als ich vor beinahe zwölf Jahren meine wunderschöne Katze verlor, dachte ich, ich würde mir nie wieder eine Katze anschaffen können, da ich diese so sehr geliebt hatte. Doch vor knapp zwei Jahren wurde mir klar, dass ich wieder Katzen in meinem Leben brauchte. Dieses Mal wollte ich zwei, damit sie sich gegenseitig Gesellschaft leisten konnten. Die Katze meiner Tochter hatte kurz zuvor drei Junge bekommen, ein Weibchen, ein Männchen und ein drittes, dessen Geschlechtszugehörigkeit wir nicht feststellen konnten. Wir einigten uns schließlich darauf, dass es ein Weibchen war.

Ich wollte zwei Weibchen, da meine alte Katze ein Männchen gewesen war und ich ihm nicht die Treue brechen wollte, indem ich mir erneut einen Kater ins Haus holte. Das hätte so ausgesehen, als würde ich versuchen, ihn zu ersetzen. Als die Kleinen sechs Wochen alt waren, nahm ich die beiden jungen Kätzchen zu mir nach Hause, während der kleine Kater bei meiner Tochter blieb. Meine beiden Kleinen waren sehr unterschiedlich: Die eine hatte ein kurzes schwarz-weißes Fell, und ich nannte sie Candy; die andere hatte lange Haare und sah aus wie eine Perserkatze, und Cleo schien mir der perfekte Name für sie. Ich liebte diese

beiden Kätzchen sehr, und sie waren die besten Freunde, bis sie ungefähr sechs Monate alt waren und meine »Cleo« sich in einen »Leo« verwandelte. Er wuchs und wuchs und war bald wesentlich größer als seine Schwester, und dann wurde auch seine männliche Anatomie sichtbar. Heute weiß ich, dass er seine wahre Identität erst später zeigte, weil ihm klar war, dass ich zwei Weibchen wollte und ihn zurückgebracht hätte, wenn ich gewusst hätte, dass er ein Männchen war. Er wurde immer größer und größer und schikanierte seine Schwester. Im Laufe der Zeit wurde es zusehends schlimmer, und ich musste immer auf ihn aufpassen, wenn sie in der Nähe war. Außerdem wurde offensichtlich, dass er mir gegenüber einen Besitzanspruch geltend machte, da er mir überallhin folgte, was sich zu einem Problem entwickelte. Er wollte mich einfach für sich allein haben und war nicht bereit, mich mit seiner Schwester zu teilen.

Leo hatte seit seiner Geburt ein Atemproblem. Er konnte nicht miauen oder schnurren und hustete viel. Der Grund dafür war ein Ventil in seiner Kehle, das sich nicht richtig öffnete und verschloss. Der Tierarzt sagte mir, dass er ihn zwar operieren, aber nicht garantieren konnte, dass damit das Problem gelöst sein würde – im Gegenteil, eine Operation könnte zu weiteren Problemen führen. Da Leo im Großen und Ganzen trotz dieser Einschränkung sehr gut zurechtkam, ließ ich es dabei bewenden. Er musste nicht »sprechen«, da ich immer wusste, was er wollte und brauchte. Er hatte die herrlichsten Augen, riesig und goldfarben, und wusste immer, wie er durch sie kommunizieren konnte.

Vor zwei Monaten starb Leo im zarten Alter von zwei Jahren friedlich und natürlich in unserer Auffahrt. Es war – und ist immer noch – eine traumatische Zeit für mich, da ich ihn so sehr vermisse. Ich wusste, dass er kein langes Leben haben würde, hätte jedoch nie geglaubt, dass er so jung von uns gehen musste. Seit seinem Tod neige ich zu der Annahme, dass er eine Reinkarnation der geliebten Katze gewesen sein könnte, die wir Jahre zuvor hatten, da er ohne Zweifel viele der gleichen Eigenschaften besaß. Ich glaube, dass seine Aufgabe auf Erden darin bestand, mir bedingungslose Liebe zurückzubringen, was ihm tatsächlich aufs Wunderbarste gelang.

Das Entscheidende für mich war der Moment, als jemand, der meine Katze nicht gekannt hatte, eine spirituelle Zeichnung von Leo anfertigte, die einen Ehrenplatz in meinem Kristall-Heilungszimmer einnimmt. Die Zeichnung ist sehr akkurat und zeigt ihn als erwachsenen Kater; seine Augen dominieren das Bild, so wie es zu seinen Lebzeiten der Fall gewesen war. Doch müssen Sie wissen, dass ich nur ein einziges Foto von ihm hatte; damals war er gerade mal acht Wochen alt, und die Künstlerin hatte ihn nie gesehen, also empfinde ich dieses gezeichnete Porträt von Leo als etwas ganz Besonderes. In der Woche vor seinem unerwarteten

Tod hörte ich zwar innerlich die spirituelle Aufforderung, ein Foto von meinen Katzen zu machen, und ich sagte mir: »Gute Idee, das sollte ich wirklich bald mal tun.« Hätte ich doch nur auf mein inneres Selbst gehört. Doch wie auch immer, diese Zeichnung ist ein wundervolles Porträt, und ich bin der Frau, die es gezeichnet hat, für immer dankbar. Die Farben sind in Pastell gehalten, und da Leo ein großer schwarzer Kater war, weist die Zeichnung viel Schwarz auf und diese wundervollen, riesigen goldfarbenen Augen.

VON EINER KATZE ZU EINER KÖNIGIN

Patsys Geschichte handelt von der Botschaft einer geliebten Katze:

Meine Katze Sassy erinnerte mich immer an einen Löwen. Als ich sie als kleines Fellbündel bekam, war sie von einer wunderbaren hellbraunen Farbe. Ihr Fell war sehr kurz und weich, und die Leute meinten immer, dass sie wie eine kleine Löwin aussah. Sie wuchs zu einer Katze heran, die ihre Verspieltheit beibehielt, und zu jedem Geburtstag kaufte ich ihr ein neues Spielzeug, mit dem sie sich vergnügen konnte. Ungewöhnlich an ihr war, dass sie nie Vögel jagte. Ich fand das seltsam. Sie saß da und beobachtete sie, doch es schien, als wären sie irgendwie unter ihrer Würde. Viele Jahre lang war sie meine beste Freundin, und ich hatte immer das Gefühl, als würden wir uns vielleicht von früher kennen. Als sie mit 17 Jahren krank wurde, war ich verzweifelt. Ich wusste, dass sie sterben würde, da sie sich immer wieder auf unterschiedliche Weise von mir verabschiedete. Zum Beispiel brachte sie, obwohl sie so schwach war, all ihre Spielzeuge zu mir und legte sie auf einen Stapel neben meinem Sessel. Als der Tierarzt ihr die erlösende Injektion gab, hielt ich sie in den Armen, und mir brach das Herz, als das Leben aus ihr wich. Nachdem sie gegangen war, schien das Haus leer zu sein. Siebzehn Jahre sind eine lange Zeit.

Ich vermisste sie ständig und wünschte mir so sehr irgendein Zeichen von ihr, doch nichts geschah. Das war eine wirklich schlimme Zeit für mich. Eines Tages glaubte ich es nicht mehr aushalten zu können, und als ich an diesem Tag das Haus verließ, um zur Arbeit zu fahren, bat ich sie innerlich: »Sassy, du musst mir einfach ein Zeichen geben! Wenn du mich noch hören kannst, wenn du noch irgendwo bist, dann zeig mir auf dem Weg zur Arbeit eine neue Katze, die ich nicht übersehen kann.« Ich wohnte auf dem Land, und in unserem Dorf gab es nur zwei Katzen. Eine Katze zu sehen war demzufolge etwas sehr Seltenes, und eine andere als diese beiden war so gut wie unmöglich.

Während der Autofahrt ließ ich meinen Blick über die Hecken neben der Straße schweifen auf der Suche nach irgendetwas, aber dort war nichts. Als ich um die letzte Kurve vor der Stadt bog, konnte ich meinen Augen kaum trauen: Auf einem riesigen Plakat kündigte ein Zirkus seine Ankunft in der Stadt an – und darauf abgebildet war ein brüllender Löwe. Zuerst war ich geschockt und entzückt und dachte: »Endlich ist mein Zeichen da!« Doch dann gewann meine Logik die Oberhand, und Zweifel überkamen mich – denn Sassy sah zwar wie eine Löwin aus, aber trotz allem war sie keine. Und das Plakat musste in der Nacht zuvor dort angebracht worden sein, bevor ich um ein Zeichen gebeten hatte. Ich weiß, dass man sagt, ein gesunder Geist sucht immer zuerst nach einer logischen Erklärung, doch dieses Mal wünschte ich mir, dass es anders wäre! Warum konnte ich nicht einfach glauben?

Ich beschloss, einen weiteren Schritt zu unternehmen. Ich wollte zu einem Medium gehen, und wenn sie das Löwenplakat erwähnen würde, ohne dass ich ihr davon erzählte, dann musste es sich um ein wahres Zeichen von Sassy handeln. Also ging ich hin, und obwohl das Reading gut war, erwähnte die Frau das Plakat kein einziges Mal. Es war frustrierend. Am Ende fragte ich sie geradeheraus, ob eine Katze versuchte, zu mir durchzukommen. Ihre Antwort verschlug mir die Sprache. Sie sagte: »Nicht unbedingt eine Katze, zumindest keine domestizierte. Ich bin ziemlich sicher, dass es sich hier um einen Irrtum handelt, aber kann es vielleicht sein, dass Sie mal einen Löwen besessen haben?« Sie fuhr fort: »Ah, ich verstehe, es handelt sich um eine Botschaft von einem Wesen, das eine Katze war. Sie möchte Sie wissen lassen, dass sie jetzt in ihrer wahren Form zurückgekehrt ist, zu dem, was sie in früheren Inkarnationen war. Ihre Katze ist jetzt wieder ein Löwe.«

DIE ESELIN, DIE SICH FÜR EIN PFERD HIELT

Carrie schickte mir diese Geschichte:

Es ist fünf Jahre her, da trat Mildred, die Eselin, in mein Leben. Jahrelang hatte ich Pferde gehabt, doch mittlerweile fühlte ich mich zu alt, um mir noch mal eins zuzulegen, egal ob es ein Füllen war, das eine feste Hand brauchte, oder ein älteres Pferd, das jemand anderem gehört hatte und in der Regel irgendein Problem mitbrachte. Außerdem hatte ich beschlossen, den Großteil meiner Ländereien zu verkaufen, da mich die ständige Instandhaltung zu sehr ermüdete, und die zwei Felder, die ich behalten wollte, genügten nicht für ein Pferd. Jedenfalls überredete mich eine Freundin dazu, mir einen Esel und ein paar Schafe zuzulegen, um das Gras niedrig zu halten. Esel brauchen keine Hufeisen und rennen nicht so viel herum wie Pferde, die im Winter mit ihren

Hufen den Schlamm aufwühlen würden. Hinzu kam, wie meine Freundin mir versicherte, dass es viele Esel gab, die ein Zuhause brauchten, und direkt vor unserer Haustür gab es ein Tierasyl. Ich fand heraus, dass sie recht hatte, und verliebte mich auf der Stelle in eine hübsche kleine Eselin mit weichem grauem Fell und lachhaft großen Ohren. Ich nahm sie mit nach Hause, und sie lebte sich glücklich mit zwei Hebridenschafen ein, die ich auch noch mitnahm.

Ein paar Wochen später fiel mir allmählich ein eigenartiges Verhalten der Eselin auf, die ich Mildred genannt hatte. Sie lief im leichten Galopp erst in die eine Richtung, dann in die andere, bevor sie auf dem Rückweg mitten durch die Wiese trabte, sodass sie stets auf dem rechten Bein war. (An dieser Stelle sollte ich vielleicht Lesern, die nichts mit Pferden zu tun haben, erklären, dass bei Pferden der leichte Galopp eine Dreitaktgangart ist, und um dabei in perfekter Balance zu sein, müssen sie mit dem richtigen Vorderbein anfangen – mit dem rechten für einen rechten Kreis und mit dem linken für einen linken Kreis.) Jeden Tag übte Mildred eine halbe Stunde lang ganz allein das Galoppieren, nur die Schafe schauten ihr amüsiert zu. Und natürlich schaute ich ihr auch zu. Nach ungefähr einer Woche beherrschte sie den fliegenden Galoppwechsel und musste nicht länger in den Trab zurückfallen, um ihr führendes Bein zu wechseln. Es war verblüffend!

An dem ersten Tag, als ihr das gelang, kam sie herüber zu mir, wo ich stand und ihr zusah, und schnaubte, als würde sie sagen: »Siehst du, ich habe es geschafft!« Und in dem Moment, in dem sie mir in die Augen schaute, gingen meine Gedanken etwa 50 Jahre in die Vergangenheit zurück zu einem anderen Augenpaar, das mich damals anzuschauen pflegte. Damals war ich die stolze Besitzerin einer großen grauen Mähre gewesen, die ich über alle Maßen geliebt hatte. Ich bekam sie, als sie 16 Jahre alt war, und sie hatte keine leichte Jugend gehabt. Doch irgendetwas hatte sie an sich, das ich einfach liebte. Sie hieß Charisma, und genau das hatte sie im Übermaß. Ich wollte mit ihr Dressurreiten machen, und sie zeichnete sich durch einen wundervollen natürlichen Schritt aus. Sie war das ausgeglichenste Pferd, das ich je hatte. Tatsächlich zu ausgeglichen, da es bedeutete, dass sie nie das Bedürfnis verspürte, beim leichten Galopp das führende Bein zu wechseln. Es gelang mir nie, ihr den fliegenden Galoppwechsel beizubringen – sie sah einfach nicht ein, wozu das nötig sein sollte. Und daher konnte ich – auch wenn sie mit mir an den Dressurprüfungen für Anfänger teilnahm, was wir beide genossen – sie nie auf das mittlere oder gar höhere Prüfungsniveau bringen, da ich mich nie darauf verlassen konnte, dass sie den fliegenden Galoppwechsel vollzog.

Als sie 22 Jahre alt war, starb Charisma an einer Kolik, und ich konnte mir nicht vorstellen, wie ich diesen Verlust je überwinden sollte. An all das erinnerte ich mich, als mir die Eselin an jenem Tag in die Augen schaute. Und ich schwöre, dass Mildred – als ich wieder im Hier und Jetzt ankam – mich anlächelte. War Mildred etwa mein Pferd Charisma, das zu mir zurückgekommen war, um die eine Sache für mich zu tun, die sie mir damals immer versagt hatte? Ich werde es nie mit Sicherheit wissen, doch von diesem Tag an tat Mildred niemals wieder irgendwelche pferdeähnliche Dinge – und ich kann nur sagen, dass ich weiß, was ich glaube.

Es würde mich interessieren, wie ein Tierverhaltensforscher dieses Erlebnis schlüssig erklären würde. Mir gefällt diese Geschichte zum Teil, weil auch ich Pferde so sehr liebe; aber ich finde, sie zeigt außerdem, dass Tiere nicht nur eine Seele haben, sondern auch Sinn für Humor!

5

Tier-Engel

Haustiere, die von einem Engelsfunken erfüllt sind,
manchmal für einen Augenblick, manchmal
ein ganzes Leben lang.

Engel kommen in vielen Arten und Formen daher,
auch mit Fell und Federn.

Jenny Smedley

EIN ENGELSCHOR FÜR GOLDIE

Fausteen erzählte mir diese zauberhafte Geschichte:

Bevor unsere Tochter geboren wurde, kam mein Mann eines
Tages mit zwei orangefarbenen Kätzchen nach Hause, die
einfach entzückend waren. Wir nannten sie Brownie und
Goldie nach der Farbe ihrer Halsbänder. Als sie ungefähr 18
Monate alt waren, verschwand Brownie. Im Büro erhielt ich
einen Anruf – ein freundlicher Fremder (oder vielleicht ein
Engel?) sagte mir, dass er Brownies Halsband vom Körper
einer toten Katze entfernt hatte, die er am Straßenrand gefunden hatte, sodass er mir diese traurige Nachricht über-
mitteln konnte. An diesem Abend waren Goldie und ich in
der Küche und schauten beide zum Fenster. Plötzlich entfuhr Goldie ein gramerfüllter Laut, den ich weder zuvor noch

jemals danach gehört hatte, und er wandte mir sein Gesicht mit einem Ausdruck tiefster Traurigkeit zu.

Goldie blieb uns noch zehn Jahre lang erhalten, bis er schließlich krank wurde. Er verbrachte eine Nacht beim Tierarzt, doch da ich wusste, dass er sterben würde, holte ich ihn wieder nach Hause. Unter Schmerzen ging er die Treppe hinauf, miaute nach unserer Tochter, und als er sie nicht in ihrem Zimmer fand, ließ er sich vor ihrer Tür nieder und wartete. Als unsere Tochter mit ihrem Dad zurückkam, war Goldie in einem schlimmen Zustand: Sein Atmen war das Röcheln eines Sterbenden, und er konnte sich kaum noch rühren. Damals wurde gerade unser Schlafzimmer renoviert, und wir schliefen im Wohnzimmer, doch ich blieb bis zum Morgengrauen mit Goldie und meiner Tochter in ihrem Zimmer. Irgendwann ging ich leise nach unten.

Einige Zeit später wachte ich zu dem Klang von Musik auf – wunderschöne, unbeschreibliche Musik. Überrascht dachte ich zunächst, es wäre der Radiowecker in unserem Schlafzimmer im ersten Stock; ich weckte meinen Mann und bat ihn, mal nachzusehen. Er berichtete, dass der Wecker gar nicht eingesteckt war. Außerdem hatte er festgestellt, dass Goldie gestorben war. Die Musik, die ich gehört hatte? Es waren die himmlischen Heerscharen, die unser geliebtes Haustier willkommen geheißen hatten.

Engel werden alle Mittel anwenden, um uns Botschaften von unseren Lieben zu bringen. Musik ist eine Methode, wie mir schon oft berichtet wurde.

Genevieve Frederick ist die Geschäftsführerin/Gründerin einer Organisation, die dafür sorgt, dass Haustiere von Obdachlosen in den USA mit Futter versorgt werden. Wenn es irgendwelche Tiere gibt, von denen man sagen könnte, dass sie engelsgleiche Eigenschaften besitzen, dann sind es mit Sicherheit einige der Vierbeiner, denen ihre Wohltätigkeitsorganisation hilft. Diese Tiere machen jenen Menschen das Leben erträglich, die nichts haben, und geben ihnen etwas, woran sie sich in ihrem hoffnungslosen Leben klammern können. Sie bringen den Ungeliebten Liebe. Genevieve ließ mir einige Erlebnisse ihrer Mitarbeiter zukommen, die Obdachlosen und ihren vierbeinigen Lieblingen helfen. Göttliche Intervention spielt zweifellos eine Rolle in diesen Geschichten.

DIE BESTEN FREUNDE

Letzten Samstag vergaß ich, das gespendete Hundefutter aus dem Auto ins Haus zu bringen. Es war schon spät am Abend, und ich war müde, also ließ ich das Futter über Nacht draußen und vergaß es total, bis ich am Sonntagmorgen zur Kirche fahren wollte. Mir blieb keine Zeit mehr, es auszuladen, und ich fuhr los, um meine zwei Enkelinnen abzuholen. Als wir auf der Autobahn waren, übersah ich meine Ausfahrt, was bedeutete, dass ich die Autobahn erst bei der nächsten Ausfahrt zwei Meilen später verlassen konnte. Als wir schließlich an der Kreuzung ankamen, wo wir abbiegen mussten, stand die Ampel auf Rot. Während ich darauf wartete, dass sie auf Grün umschaltete, schaute ich kurz nach links und sah einen obdachlosen Mann und an seiner Seite zwei große Labradorhunde. Ich kurbelte mein Fenster herunter und fragte, ob er Hundefutter für die beiden brauchte. Ich hörte ein schnelles »Ja!« und gab ihm mehrere Packungen. Als er mir sagte, dass er noch einen Hund hatte, der gerade nicht bei ihm war, legte ich noch eine Packung dazu. Lächelnd sagte er »Gott segne Sie!« und »Vielen Dank«. Mit wedelnden Schwänzen gingen die beiden Hunde sehnsüchtig um die Hundefutterpackungen herum, schnüffelten daran und hofften auf eine Leckerei. Der Mann erbat nichts für sich selbst, weder Geld noch irgendetwas anderes. Hier handelte es sich um ein echtes Bedürfnis, und ich war dankbar, dass ich das Hundefutter über Nacht im Wagen gelassen hatte.

Ich sagte dem Mann, wo er noch mehr Hundefutter bekommen konnte (*The Bridge*, Downtown Dallas, neben dem Obdachlosenheim), und noch einmal brachte er seine Dankbarkeit zum Ausdruck, ohne um irgendetwas für sich selbst zu bitten.

Man weiß nie, wann sich die Gelegenheit bietet, für die Tiere obdachloser Menschen zu sorgen. Meiner Meinung nach war dies kein Zufall, vielmehr hatte ich das Gefühl, zu jemandem geführt worden zu sein, der wirklich Hilfe brauchte. Ich bin dankbar, dass Dallas die Möglichkeit bietet, Menschen in ähnlichen Umständen zu helfen.

LIEBE MICH, LIEBE MEINEN HUND

Diese Geschichte stammt von einer Frau, die einst obdachlos war:

Es gab eine Zeit, da war ich eine von jenen, die kein Zuhause haben. Bis vor Kurzem war ich obdachlos und lebte in meinem Auto. Und manchmal, wenn wir uns kein Motel leisten konnten, schliefen mein Freund und ich auf den Sofas von diversen Bekannten und Verwandten. Eines Tages vor sechs Jahren war ich in einem Haus, das dem Freund eines Freundes gehörte. Der Mann, der dort vorübergehend wohnte, sollte auf den Hund unseres gemeinsamen Freundes aufpassen. Doch als ich das Haus betrat, sah ich sofort, dass der Hund von zahllosen Schnitten übersät war und offene Wunden hatte, von denen viele noch bluteten. Ich fragte ihn, was mit dem Tier passiert war. Der Mann antwortete: »Ich habe sie mit der Schaufel geschlagen.« Dabei grinste er höhnisch und zeigte in die Ecke des Zimmers, wo ich die große Schaufel sah, an der noch Blut und Fellbüschel klebten. Ich nahm den Hund sofort mit, auch wenn ich selbst zu dem Zeitpunkt kein eigenes Zuhause hatte und nicht wusste, wohin ich mit dem Hund gehen sollte. Also schlief ich von dieser Nacht an mit dem Hund im Auto, während mein Freund auf der Couch der jeweiligen Person schlief, in deren Haus wir gerade unterkommen konnten. Mein Hund und ich lebten fast fünf Winter und Sommer lang und auch zwischendurch in dem Auto, da mein Hund nirgends willkommen war. Vor ungefähr einem Jahr jedoch boten meine Eltern mir an, wieder zu ihnen zu ziehen, da sie den Gedanken nicht länger ertrugen, dass ich jede Nacht irgendwo im Auto schlief. Und sie erlaubten mir, meinen Hund mit ins Haus zu bringen, weil sie wussten, ich würde nicht kommen, wenn der Hund draußen bleiben musste. Ich hoffe, dass den vielen Obdachlosen in unserem Land und ihren vierbeinigen Gefährten irgendwann das gleiche Glück zuteilwird wie mir.

IMMER SCHÖN IM TEMPO BLEIBEN

In der Rangordnung von Mensch und Tier gab es keine niedrigere Stufe als die, die Randy Vargas und Foxy auf den Straßen von Hoboken teilten. Er war 46 und obdachlos; die Zeiten, in denen er einer regelmäßigen Arbeit nachging – wie seinem Job in einer Reparaturwerkstatt, an den er sich gerne erinnerte –, waren lange vorbei. Foxy seinerseits gehörte zu der am wenigsten vornehmen Bevölkerungsgruppe im Reich der Hunde: ein zehnjähriger scheckiger Pitbull, kompakt wie ein Pick-up-Truck, mit schrägen Ohren, zweifarbigem Gesicht, weißem Hals und der Rest eine willkürliche Mischung von Hell und Dunkel. Und dennoch hatte die Verbindung zwischen diesen beiden etwas Transzendentes in einer Stadt, die zunehmend bestimmt wurde von Wesen, die das große Los gezogen hatten, Siegertypen im Hinblick auf Besitz und Vermögen und an der Wall Street, schlanke Golden Retriever, verwöhnte Yorkshireterrier, angesagte Puggles und Doodles. Vielleicht war in einer Welt unklarer Beziehungen die ihre eine Lektion in Wohltätigkeit, gleich einer biblischen Parabel. Er hatte die Hündin gerettet, als sie heimatlos und misshandelt worden war, eine verängstigte kleine Kreatur, die mit obdachlosen Männern lebte, die nichts mit ihr anfangen konnten. Sie ihrerseits gab ihm eine Aufgabe, etwas, wofür er leben konnte, Kameradschaft und Liebe.

Ihre Beziehung brachte wohl das Beste in beiden zum Vorschein: Sie holte Randy in die Welt zurück und machte ihn zu einem Teil des Lebens in der Hoboken Street wie irgendeinen jungen Mann mit seinem schwarzen Labrador. Und sie verwandelte Foxy in ein Wesen von nie endender Sanftmut, stets freundlich zu Menschen und anderen Tieren, das bei dem geringsten Blick freudig mit dem Schwanz wedelte, ein Pitbull dem Namen nach, aber nicht in seiner Seele.

Falls Sie also irgendwann einmal Zeit in der Hoboken Street in New York verbracht haben, werden Sie die beiden mit großer Wahrscheinlichkeit gesehen haben, wie sie vor dem Gemeindezentrum *Saint Peter and Paul* schliefen, das Hoboken-Tierkrankenhaus besuchten, die Straße entlanggingen – Foxy in perfektem Gleichschritt neben Randy, der im Winter in mehrere Lagen Sweatshirts und T-Shirts eingemummelt war, die er im St. Mary's Hospital Thrift Store ergattert hatte.

Cheryl erinnerte sich, Mr. Vargas gesehen zu haben, der sich an einem drückend heißen Wochenende im August auf den schattigen Stufen eines Hauses ausruhte, flach auf dem

Rücken liegend, und Foxy in der gleichen Position eine Stufe darunter. Es war das vollkommene Bild von Mann und Hund, sagte sie und fügte hinzu: »Das war wirklich ein Hund mit einer tiefen Seele.« Jeder, der die beiden kannte, sagte das Gleiche: Mr. Vargas sorgte besser für den Hund als für sich selbst. Selbst in der schlimmsten Winterkälte bekam der Hund alle Decken, während Randy auf dem nackten Boden schlief, berichtete ein Pfleger des Hoboken Animal Hospital. »Wenn es regnete, spannte er den Schirm auf, damit der Hund geschützt war, und erst dann dachte er an sich.«

Doch auf der untersten Stufe der sozialen Leiter gibt es kaum Spielraum für Fehler. In diesem Winter wurde Randy verhaftet wegen drohender Äußerungen gegenüber Frauen. Der Fall wurde eingestellt, und Freunde sagen, es hätte erst gar nicht so weit kommen dürfen. Doch Ms. Murphy musste Foxy aus dem Tierheim in Newark retten, wo man sie hätte einschläfern können.

Alles ging so schnell zu Ende, dass die Leute es bis heute nicht erklären können. Außer in einem Hundezwinger hatte man Foxy selten ohne Leine gesehen, doch am Morgen des 19. März war sie im Park nicht angeleint gewesen. Sie erblickte auf der anderen Seite der Hudson Street einen Hund, den sie kannte, rannte hinüber, um ihn zu begrüßen, und wurde von einem weißen Lieferwagen angefahren, der kurz anhielt und dann Vollgas gab. Mr. Vargas hielt den Hund im Arm, aus dessen Maul Blut spritzte, und winkte vorüberfahrenden Autos zu, aber niemand hielt an. Also trug er die 60 Pfund schwere Hündin so weit er konnte und spürte dabei ihre gebrochenen Glieder in seiner Hand. Dann legte er sie auf den Boden und rannte zum Animal Hospital, um Hilfe zu holen. Doch es war zu spät.

Jeden Tag schauen Leute im Tierkrankenhaus vorbei, manche kämpfen mit den Tränen, um Spenden zurückzulassen –

inzwischen über 900 Dollar. Manche Spenden stammen von Personen, die Mr. Vargas und seinen Hund kannten, und die meisten von Leuten, die glauben, sie gekannt zu haben. Allein wären sie vielleicht unsichtbar gewesen. Doch zusammen konnte man sie unmöglich übersehen.

Auf verschiedene Weise sind die beiden immer noch da. In einigen Schaufenstern ist Foxys Bild zu sehen; sie trägt ein graues Sweatshirt mit einem roten T-Shirt darunter und blickt wie ein Wachposten nach rechts, eine wundervolle Studie über die Natur des Hundes mit einer Spur Menschlichkeit. Seit dem Unglück hat Mr. Vargas gute und schlechte Tage gehabt, manchmal ist er munter und manchmal, so wie neulich, wirkt er schwach und erschlagen unter seiner roten Steppdecke auf der Straße. »Mir ist«, vertraute er einem Freund an, »als hätte ich ein Loch in meiner Seele.«

Die Beschäftigten des Animal Hospital haben ihm einen Anhänger gekauft, der ein wenig von Foxys Asche enthält und den er um den Hals tragen kann. Freunde schauen regelmäßig nach ihm, bringen ihm Essen, sagen ihm, dass sie irgendwann einen Platz zum Leben für ihn finden werden. Es ist die Rede davon, ihm einen neuen Hund zu besorgen, sobald er bereit dafür ist, was momentan jedoch noch nicht der Fall ist.

»Es ist wie mit den meisten Beziehungen«, sagt Mr. Vargas und lugt unter seiner roten Decke hervor. »Man muss auf den richtigen Augenblick warten.«

WIR BEIDE

Vor vielen Jahren lebte ich auf der Straße. Ich hatte eine kleine Haubenratte, meine erste Ratte. Es war ein Männchen, und ich nannte ihn Benjamin. Wenn ich heute zurückblicke, bin ich sicher, dass die Sachen, die ich ihm zu essen gab, nicht das war, was eine gesunde Ratte brauchte. Doch er litt nie Hunger. Er und ich teilten alles, was wir an Essbarem fanden. Sein Zuhause war ein Pappkarton, und er schien sehr glücklich darin zu sein. Erstaunlicherweise versuchte er nie wegzulaufen. Wenn ich im Park oder am Strand schlief, rollte Ben sich in meiner Jacke zusammen. Manchmal, mitten in der Nacht, wenn es besonders unheimlich wurde, half es mir, Bens kleinen Körper zu spüren, der sich an meinen drückte, um nicht den Verstand zu verlieren. Als Ben zu alt wurde, um weiter auf der Straße zu leben, nahm ihn der Begründer von *Mustard Seed* (ein Heim für alte und kranke Tiere) auf. Er zog in ein riesiges Terrarium (mindestens zwei Meter breit, zumindest sah es in meinen jungen Augen so aus) und hatte allen Luxus, den eine Ratte sich wünschen konnte. Als Ben nicht mehr bei mir war, wurde die Straße für mich spürbar furchteinflößender. Noch heute steigen mir die Tränen in die Augen, wenn ich an Ben denke; er war einfach unglaublich!

Es stellt meinen Glauben an die menschliche Natur wieder her, wenn ich lese, dass es Menschen gibt wie Genevieve, die für Obdachlose und ihre engelsgleichen Tiere sorgen.

MACH MAL PAUSE!

Gemma erzählte mir diese Geschichte:

Meine Katze Kitkat ist wie ein Schutzengel für meine Tochter. Wir haben Kitkat als Junges bekommen, als meine Tochter noch ein Baby war, und sie ist ihr seitdem nicht mehr von der Seite gewichen. Wenn Kitkat sieht, dass Hannah irgendetwas Gefährliches macht – wenn sie zum Beispiel versucht, eine offene Flamme oder die heiße Herdplatte anzufassen –, oder wenn Hannah hinfällt, miaut Kitkat so lange, bis Hannah damit aufhört oder bis ich komme und eingreife oder mein Partner. Wenn Hannah weint, springt Kitkat zu ihr aufs Bett und leckt sie, als wäre sie eins ihrer Babys, bis sie zu weinen aufhört. Sie verhält sich überhaupt nicht wie eine Katze. Wenn zum Beispiel meine Hamster ausbüchsen, nimmt sie sie ganz behutsam ins Maul und bringt sie mir oder meinem Partner, ohne sie jemals zu verletzen. Es ist, als wüsste sie, dass die kleinen Nager zur Familie gehören und nicht draußen sein sollten, und sie passt auf, bis ich sie wieder in ihren Käfig setze, wo sie hingehören.

Stephanie schickte mir diese Geschichte über einen lebhaften Springer Spaniel:

DER INTUITIVE HUND

Im Juli 2007 schenkte mein Bruder meinen Töchtern Sarah und Ciara eine junge Hündin, einen Springer Spaniel. Aufgeregt überlegten wir, wie wir sie nennen sollten, und einigten uns schließlich auf den Namen Sparkle, dem sie bis heute alle Ehre macht. Sie war von Anfang an immer lustig und bereitet uns jede Menge Freude. Wenn ich meditierte, jaulte sie stets vor der verschlossenen Tür, bis ich ihr erlaubte, hereinzukommen und neben mir zu sitzen, und auf diese Weise entwickelten wir beide eine sehr enge Beziehung.

Im Jahr darauf erkrankte ich, und oft legte Sparkle sich auf mich oder folgte mir auf Schritt und Tritt, als wollte sie mich vor allem beschützen. Sie ist sehr intuitiv und nutzte jede Gelegenheit, um mich zu trösten. Wenn meine Töchter in der Schule und mein Mann im Büro waren, half mir die Gesellschaft meiner kleinen Freundin mit ihrer bedingungslosen liebevollen Art und Weise, in der sie sich um mich kümmerte, diese schwere Zeit zu überstehen. Ich glaube, sie wurde geschickt, um uns allen in dieser Krise beizustehen. Inzwischen haben wir außerdem einen jungen Husky-Mischling von der Tierrettungsstation aufgenommen, dem wir den Namen Crystal gaben. Beide Hunde sind äußerst intuitiv und reagieren empfindlich auf unsere Energien. Wir fühlen uns geehrt und gesegnet, sie bei uns zu haben.

Erst neulich las ich in einer Zeitung eine verblüffende Geschichte. Sie handelt von einem pensionierten Schulrektor namens John Lawes.

Mr. Lawes ging regelmäßig mit seinem Hund spazieren. (Leider wurde in dem Artikel weder der Name noch die Rasse des Hundes genannt, was einen traurigen Beweis für die Einstellung des Journalisten zu der Bedeutung von Haustieren darstellt!) Eines Abends fiel Mr. Lawes' Frau auf, dass der Hund sich anders verhielt als sonst: Er saß auf dem Boden und starrte ihren Mann auf eine »fragende« Art an, wie sie es beschrieb. Das Verhalten des Hundes war so ungewöhnlich, dass sie ihren Mann fragte, ob irgendetwas Ungewöhnliches passiert sei.

Daraufhin erzählte Mr. Lawes, dass seine Füße sich beim Spaziergang in der Hundeleine verfangen hatten und er ziemlich böse gestürzt sei. Er sei mit dem Kopf aufgeschlagen, doch auf weichen Boden, und es ging ihm gut. Mrs. Lawes ging bald zu Bett, doch nach einiger Zeit hörte sie ihren Mann aufschreien. Sofort lief sie hinunter ins Wohnzimmer und fand ihn auf dem Boden liegend. Wegen seines Sturzes am Nachmittag rief sie sofort den Notarzt an. Doch es war zu spät, Mr. Lawes hatte eine Gehirnblutung erlitten, an der er starb. Mrs. Lawes rätselte noch lange über die Tatsache, dass ihr Hund versucht hatte, ihnen klarzu-machen, dass trotz des äußeren Scheins von Normalität etwas nicht stimmte.

WEIHNACHTSWUNDER

Kathleen schickte mir diese schöne Geschichte:

Alfie war ein entzückendes orange-weißes Fellbällchen, als er als Baby zu uns kam und bald zu einem sehr schönen Kater heranwuchs. Er hatte einen auffallend buschigen Schwanz und eine herrliche Mähne auf seiner Brust, die ihm das Aussehen eines Löwen verlieh. Er war ein nervöses, aber zutrauliches kleines Ding. Er liebte es, Tauben im Garten herumzujagen, wenngleich er nie eine fing. Wir alle liebten ihn sehr; er gehörte wirklich zur Familie und wartete immer auf der obersten Treppenstufe, bis wir nach Hause kamen. Manchmal war er eingeschlafen, doch sobald er hörte, wie wir die Tür öffneten, sprang er die Treppe hinunter, um uns zu begrüßen. Nur ein einziges Mal in seinem Leben wurde Alfie krank, genau zwei Monate bevor er mit nur drei Jahren starb. Er hatte sich ein Virus eingefangen, worauf wir ihn sofort behandeln ließen, und nach 24 Stunden war Alfie wieder so munter wie zuvor. Zum Glück kam meine Tochter, die in einer anderen Stadt studiert, kurz darauf zwei Tage zu Besuch – zum Glück deshalb, da wir ja nicht wussten, dass sie Alfie das letzte Mal sehen würde. Wir saßen im Wohn-zimmer und schauten fern, als Alfie plötzlich aufsprang, sich mit aufgerissenen Augen im Wohnzimmer umsah und dann an die Decke starrte, so als sei da irgendetwas, was ihm große Angst einzujagen schien. Im Scherz meinte mein Jüngster: »Er muss einen Geist gesehen haben!« Am darauf-folgenden Tag verabschiedete sich unsere Tochter mit vielen

Umarmungen, was meinen Mann, der im Auto wartete, immer nervte. Am nächsten Tag weckte Alfie mich auf, wie er es immer tat, indem er auf den Hinterbeinen neben meinem Bett stand, die Vorderpfoten auf meinem Kopfkissen, und miaute, so als würde er mit mir reden. Ich stand auf und ließ ihn hinaus. Es war ein wunderschöner Sommermorgen; ich setzte mich auf die Veranda und sah ihm zu, wie er auf und ab ging und Schmetterlinge und Tauben jagte. Zwischendurch setzte er sich unter seinen Lieblingsrosenbusch und wartete. Ich sah ihm zu, wie er sich zum Sprung bereitmachte und am Zaun kratzte, als er mit aller Kraft versuchte, eine Taube zu fangen.

Ich ging nach oben und machte mich fertig, während mein Mann Alfie ins Haus brachte und ihm sein Futter gab. Dann stiegen mein Mann und mein Sohn ins Auto und warteten auf mich. Plötzlich merkte ich, dass Alfie die Treppe heraufkam, aber nicht so, wie er es normalerweise tat. Er sah verängstigt aus, kam direkt auf mich zu und kippte plötzlich um. Ich lief zu ihm hinüber, mir war klar, dass etwas nicht stimmte. Ich dachte, er wäre vielleicht gestochen worden, da er so gerne Bienen nachjagte und schon öfter Stiche abbekommen hatte. Gerade als ich nach unten gehen wollte, um Hilfe zu holen, hörte ich, wie er einen Atemzug nahm (was ich nicht wusste, war, dass dies sein letzter Atemzug war). Ich erinnere mich, wie ich seine Wange berührte, direkt unter seinem Auge, und ihm sagte, wie sehr ich ihn liebe. Ich rannte die Treppe hinunter, und mein Mann kam, um zu sehen, was passiert war. Wir hatten Angst, Alfie zu berühren, weil wir nicht wussten, ob er einen Anfall hatte. Ich wusste, dass er nicht mehr lebte, weigerte mich jedoch, diese Tatsache zu akzeptieren. Mein Mann nahm ihn hoch und schaute mich so eigenartig an. Ich wusste, dass Alfie hinübergegangen war, und brach in Tränen aus.

Wir brachten Alfies lebloses Körper zum Tierarzt, der meinte, dass es höchstwahrscheinlich eine Herzattacke gewesen war. Wir verabschiedeten uns von unserem schönen Kater und sagten ihm, wie sehr wir ihn lieben und dass er ins Licht gehen solle, wo die Familie auf ihn wartete. Es brach uns das Herz. In der ersten Woche nach seinem Tod, als ich allein in meinem Zimmer saß, hätte ich zweimal schwören können, dass er neben mir stand und miaute. Das erste Mal dachte ich, ich hätte es mir nur eingebildet, doch das zweite Mal hörte ich deutlich den Laut, den er immer machte, wenn er gähnte.

Ein paar Wochen später waren wir gerade beim Packen, um nach Cornwall zu fahren. Plötzlich rief mein Sohn, wir sollten sofort nach draußen kommen. Eine Taube saß unter der Fensterbank. Dann spazierte sie in unseren Hausflur und in die Küche, drehte sich um und ging ins Wohnzimmer, wo mein Mann sie zur Verandatür hinausließ. Ich glaube, dass es Alfies Art war, uns wissen zu lassen, dass er da war, weil er Tauben so sehr liebte.

Kürzlich war ich im Gartencenter, und dort gab es schon den ganzen Weihnachtsschmuck. Es gab einen Verkaufsbereich mit einer Christbaumkugel in Katzenform und einem Karussell als Spieldose zum Aufziehen. Ich zog sie auf und war völlig fassungslos, als sie »You are my Sunshine« spielte, denn genau dieses Lied sang ich Alfie an dem Tag, als die Urne mit seiner Asche zu uns nach Hause kam.

Ich stimme mit Kathleen überein, dass dies ein Zeichen von Alfie war. Schließlich ist ein Lied über Sonnenschein nicht wirklich etwas, was man von einer weihnachtlichen Spieluhr zu hören erwartet, oder?

ENGEL MIT FLÜGELN

Dies ist Maggies Geschichte:

Smudge war ein Kanarienvogel, also weder ein Hund noch eine Katze, wie Sie vielleicht erwartet haben. Er lebte mit seinem Gefährten Sam zusammen, bis Sam einen Schlaganfall erlitt. Trotz der größten Bemühungen des Tierarztes verschlechterte sich sein Zustand, sodass ich mit Tränen in den Augen den Vogel einschläfern lassen musste. Ich hatte von der Regenbogenbrücke gehört, zu der unsere Haustiere gehen, bis unsere Zeit gekommen ist, auf die andere Seite überzuwechseln, hatte jedoch keine Ahnung, wie schnell der Übergang vonstatten gehen würde.

Innerhalb von Tagen reagierte Smudge auf eine unsichtbare Präsenz, wurde ruhelos und aufgeregt und starrte an die Zimmerdecke, bis ich schließlich mit der Digitalkamera ein Foto machte und feststellte, dass über dem Käfig ein heller Lichtschein zu sehen war. Ich glaube, dass Sam regelmäßig vorbeikommt, um nach Smudge zu sehen, und dank meiner außersinnlichen Fähigkeiten spüre ich den Vogel häufig im Zimmer, wenn zuweilen auch nur für einen kurzen Moment. Als ich eines Tages wieder ein Foto von Smudge machen wollte, funktionierte das Blitzlicht nicht trotz neuer Batterien. Das Resultat war ein blaues, beinahe ultraviolettes Licht im Raum, das Kanarienvögel und Wellensittiche sehen können, und so war Smudge, wie ich glaube, endlich in der Lage, Sam zu sehen. Danach war Smudge zufrieden, und die Kamera funktionierte wieder normal.

6

Magische Heiler

Haustiere, die ihre Besitzer geheilt oder ihnen
geholfen haben, andere Menschen zu heilen.

Manche Tiere wissen genau, für wen sie bestimmt sind, und unternehmen alles Erdenkliche, um dort zu sein, wo sie sein sollen.

Jenny Smedley

KRANKENSCHWESTER CASSIE

Jo schickte mir diese Geschichte:

Mein Hund Cassie ist eine Kreuzung zwischen einem Staffordshire und einem English Bullterrier, und wir adoptierten sie im November 2009 von *Dogs Trust Roden* in Shropshire. Ich leide unter klinischer Depression, doch geht es mir oft gut, und nach Jahren mit dieser Krankheit habe ich mittlerweile gelernt, »mir nichts anmerken zu lassen«. Cassie jedoch weiß immer, wenn ich mich nicht gut fühle, und anstatt wie gewöhnlich lustig und tollpatschig zu sein, kommt sie sehr ruhig und zärtlich zu mir. Und anstatt an mir hochzuspringen und spielen zu wollen, wie sie es sonst gerne tut, setzt sie sich einfach neben mich und legt ihren Kopf auf meinen Schoß. Sie erinnert mich sehr an meinen alten Hund Jess, den wir von meinem 11. bis 22. Lebensjahr hatten.

In der Schule wurde ich viel schikaniert, und Jess war es nicht anders ergangen, denn wir hatten ihn aus einem Tierheim geholt. Wenn ich nach einem schlimmen Tag nach Hause kam, schloss ich mich in meinem Zimmer ein und weinte (in dem Versuch, es so leise wie möglich zu tun, damit meine Brüder mich nicht hörten!). Doch es dauerte höchstens eine Minute, bis ich ein Kratzen an der Tür hörte und wusste, dass es Jess war. Und jedes Mal kam sie herein, um mich zu trösten und dafür zu sorgen, dass es mir wieder gut ging. Manchmal habe ich das Gefühl, dass Cassie eine Reinkarnation von Jess ist.

Sie haben beide die gleichen schönen braunen Augen, und wenn ihre Persönlichkeiten auch sehr unterschiedlich sind (Jess war sehr scheu, und Cassie ist sehr zutraulich und selbstbewusst!), so spüre ich doch eine tiefe Seelenverbindung mit beiden. Selbst wenn ich über etwas nachdenke, kommt es mir so vor, als ob Cassie meine Gedanken lesen könnte. Ich gehe zum Beispiel mit ihr spazieren und denke: »Cassie, wenn du ein Geschäft machen musst, dann mach es bitte hier! Der nächste Hundekotabfalleimer ist sehr weit weg!« Daraufhin sieht sie mich an und – nun ja, Sie wissen schon, was ich meine: Sie erledigt ihr Geschäft!

ENGELSFLÜGEL

Hailie hat mir diese Geschichte überlassen:

Ich hatte eine sehr enge Verbindung mit meinem Kaninchen Tyler. Er trat vor langer Zeit in mein Leben und half mir in einer schwierigen Zeit mit seiner Liebe und Zuneigung. Ihm verdanke ich die Erkenntnis, dass die Welt doch nicht ein so schlimmer Ort ist, wie ich glaubte. Er zeigte mir, was wahre Liebe ist. Leider starb er schon zweieinhalb Jahre später, und meine Trauer war groß. Rückblickend frage ich mich, ob er gesandt worden war, um mich zu heilen, und gehen musste, sobald er seine Aufgabe erfüllt hatte, denn zum Zeitpunkt seines Todes war ich glücklich verheiratet, Mutter eines Sohnes und schwanger mit meiner Tochter. Außerdem hatte Tyler Zeichnungen auf der Nase, die an Engelsflügel erinnerten, was reiner Zufall gewesen sein mag, doch er half mir in so vieler Hinsicht, dass er für mich immer mein Schutzengel sein wird.

ERDENENGEL

Da wir gerade beim Thema Engel sind, hier ist Monikas Geschichte:

Gestern ging mein vierbeiniger »Erdenengel« Wilma über die Regenbogenbrücke. Sie war wirklich mein Engel auf Erden. Es sind fast elf Jahre her, dass sie zu mir kam; damals war sie eineinhalb Jahre alt. Ich übernahm sie von ihren Vorbesitzern, die sie nicht mehr haben wollten. Ihr Verlust war mein Gewinn. Ihnen war nie bewusst gewesen, was sie an ihr hatten. Von Anfang an gab sie mir alles. Sie gehörte nie nur mir allein, sie liebte jeden, doch in erster Linie gab sie mir den Willen, mich nicht von den schweren Zeiten unterkriegen zu lassen, mit denen ich zu kämpfen hatte. Sie akzeptierte mich so, wie ich bin, und ihr musste ich nie etwas vorspielen. Das war sehr wichtig für mich, da ich nie besonders gut mit Menschen ausgekommen bin und immer Probleme mit ihnen hatte. Mein ganzes Leben ist ein einziges Problem, und das war schon immer so. Jedes Mal, wenn ich denke, jetzt wird alles gut, geht wieder alles den Bach runter. Ich habe noch zwei andere Hunde, doch Wilma war einzigartig. Ich liebe die beiden anderen, doch es ist nicht dasselbe. Im Moment fühle ich mich einsam und traurig, und ich weiß nicht, wie ich ohne meinen Engel auf Erden weiterleben kann.

Monikas Geschichte stimmte mich sehr traurig, aber weil Wilma offensichtlich aus dem speziellen Grund gekommen war, um ihr zu helfen und sie zu heilen, habe ich das Gefühl, dass sie bald wieder zurückkommen wird, denn ihre Arbeit ist offensichtlich noch nicht erledigt.

KOMM NACH DRAUSSEN

Diese inspirierende Geschichte stammt von Josie (ihr Name wurde geändert, da sie mittlerweile einen sehr verantwortungsvollen Job hat und ihn nicht gefährden will).

Als ich Mitte dreißig war, entwickelte ich eine immer stärker werdende Platzangst. Ich hatte eine Tochter, und den Ärzten zufolge litt ich unter postnataler Depression. Doch es wurde immer schlimmer. Zunächst wollte ich Charity, mein süßes Baby, nicht im Buggy mit nach draußen nehmen. Mein Mann Dave kaufte mir einen großen, altmodischen Kinderwagen, weil er davon ausging, dass ich vielleicht dachte, Charity sei zu verletzlich in dem kleinen Buggy. Am Anfang half das auch, doch allmählich fand ich immer neue Ausreden, um nicht hinausgehen zu müssen: Entweder war es zu kalt, zu heiß, zu windig, oder ich hatte nicht genug Zeit, musste auf eine Lieferung warten etc. Schon bald verließen wir das Haus nur, um mit dem Auto irgendwohin zu fahren. Es dauerte Monate, doch schließlich musste ich Dave bitten, das Auto in der Garage zu lassen, bis ich eingestiegen war. Dann kam der Tag, an dem wir nach Einbruch der Dunkelheit überhaupt nicht mehr das Haus verlassen konnten. Dann musste mein

Mann mich direkt vor dem Geschäft rauslassen, in dem ich einkaufen wollte, und mich danach sofort wieder an derselben Stelle abholen. Bald ließ ich mir die Lebensmittel ins Haus liefern und erledigte alle anderen Einkäufe nur noch übers Internet. Ich hatte stets die Absicht gehabt, wieder arbeiten zu gehen, und obwohl ich es wirklich gerne wollte, war es mir völlig unmöglich. Meine Platzangst erreichte schließlich ihren Höhepunkt, als ich begann, die Möbel umzustellen, damit ich nicht mitten durch das Zimmer gehen musste. Dave zeigte große Geduld, doch er begann die Tatsache zu verfluchen, dass es immer schwieriger wurde, die Zimmer in unserem Haus zu betreten. Es gab immer irgendetwas, was den Zugang halb versperrte. Ich glaubte, er würde mich demnächst in eines unserer Zimmer verbannen, doch das tat er nicht: Stattdessen besorgte er mir einen Hund.

Es stellte sich heraus, dass ein Arbeitskollege verzweifelt nach einem neuen Heim für seinen Hund gesucht hatte. Es war ein Shetland Sheepdog namens Jay, und die Frau des Kollegen war es leid geworden, ständig überall Hundehaare zu finden und ihn immer bürsten zu müssen. Ich hatte seit jeher Hunde geliebt, aber ich konnte Daves Timing einfach nicht fassen. Ich brachte es nicht fertig, mit unserer Tochter nach draußen zu gehen, wie sollte ich denn da mit einem Hund Gassi gehen? Ich konnte noch nicht einmal an der offenen Haustür stehen; wie sollte ich da Jay in den Garten hinauslassen? Dennoch liebte ich diesen Hund. Ich liebte es, ihn zu bürsten und zu striegeln, wenn Charity schlief; irgendwie beruhigte es mich. Wenn ich sein seidiges Fell bürstete, dachte ich an nichts anderes. Doch er musste mit dem Gassigehen bis zum Abend warten, wenn Dave nach Hause kam. Irgendwann gelang es mir, ihn hinauszulassen, damit er sein Geschäft erledigen konnte, aber nur im Vordergarten. Wir hatten eine kleine Veranda mit einer Tür an der

Seite, und diese konnte ich öffnen, ohne auf die Straße sehen zu müssen. Ich weiß nicht, warum das funktionierte, doch es funktionierte. Ich öffnete die Tür nur einen Spalt, gerade genug, damit Jay hindurchschlüpfen konnte. Dann schloss ich schnell die Tür und beobachtete ihn durch das Glas, bis er wieder ins Haus wollte und ich ihm schnell die Tür aufmachte und genauso schnell wieder schloss. Das ging eine Weile gut, doch es sah so aus, als wollte Jay unbedingt mit mir hinausgehen, aber ich konnte einfach nicht. Das Leben war wenig erfreulich, weil ich so eingeschränkt war, und oft saß Jay neben mir, seinen Kopf auf meinem Knie, und betrachtete mich ernst, so als würde er versuchen herauszufinden, wie er mir helfen konnte.

Dave hatte schon vor längerer Zeit den Postboten schwören lassen, das Gartentor hinter sich zu schließen, was er auch jedes Mal tat. Handwerkern sagte ich immer, beim Weggehen das Tor zu schließen, was sie auch taten. Doch eines Tages, es war Spätfrühling, brachte eine Vertretung die Post, und zu spät erkannte ich, dass er das Gartentor nicht zugemacht hatte. Jay nutzte die Gelegenheit und lief auf das offene Tor zu. Ich rief ihn, und obwohl er sich nach mir umdrehte, ging er langsam weiter, so als würde er mich dazu verleiten wollen, ihm zu folgen und ihn ins Haus zurückzubringen. Als er schließlich die Straße erreichte, war ich schon ganz heiser vom vielen Rufen. In der Zwischenzeit war Charity aufgewacht und schrie im Chor mit mir. Doch Jay ging einfach weiter. Er ging zwei oder drei Schritte auf die Straße und schaute dann zurück, um zu sehen, was ich tun würde. Zu meinem Entsetzen sah ich ein Tankfahrzeug auf der Fahrbahn sich nähern. Jay war weitergegangen und stand jetzt zwischen zwei geparkten Autos. Er warf mir noch einmal einen Blick zu, und ich verstand. Wenn ich jetzt nicht hinausgehen und ihn holen würde, würde er genau vor den

Tanker laufen, dem es nicht mehr möglich sein würde, rechtzeitig zu bremsen. Das funktionierte. Ich riss mich los und lief den Gartenweg hinunter. Als ich Jay schon fast erreicht hatte, sah ich, dass sein Maul sich zu einem triumphierenden Grinsen öffnete. Ich packte ihn am Halsband, der Laster raste vorbei und ließ uns in einer Staubwolke zurück.

An diesem Nachmittag legte ich Charity in ihren Kinderwagen und schob sie mit schlotternden Knien draußen vor mir her, Jay mit seiner Leine an den Griff gebunden. So gingen wir zum Park, um den Park herum und zurück nach Hause. Ich pflückte sogar ein paar Narzissen (was verboten war!), um sie Dave zu zeigen, da ich fürchtete, er würde mir sonst nicht glauben.

Josie erzählte mir, dass sie im darauf folgenden Jahr für einen fantastischen Job abgeworben wurde und ihr Leben sich wunderbar entwickelte. Sie fand den perfekten Kinderhort, und gerade als sie sich überlegte, wo sie Jay während ihrer Arbeitszeit unterbringen konnte, lernte sie eine Frau kennen, die unter Bulimie litt und nicht mehr weiterwusste. Als Josie sie fragte, ob sie tagsüber vielleicht die Gesellschaft eines erstaunlichen Hundes genießen wollte, war die Frau sehr erfreut und sagte zu. Josie hatte das Gefühl, als würde Jay auch bei ihr seine Magie anwenden. In meinem nächsten Buch werde ich Sie wissen lassen, ob Josie mit ihrer Vermutung recht hatte.

WAS TYSON MICH LEHRTE

Simon, ein erfolgreicher Coach in Australien, schickte mir diese Geschichte, die mich zu Tränen rührte. Doch es ist eine solch wunderbare Geschichte, dass ich hoffe, Sie werden mir vergeben, wenn auch Sie beim Lesen nach Ihrem

Taschentuch greifen müssen. Am Ende seines Berichts finden Sie einen Kommentar von mir, der Sie vielleicht wieder lächeln lässt. Und falls Sie gerne Kontakt mit Simon aufnehmen möchten: Die Adresse seiner Website lautet www.simonfirthseminars.com.

 Als Autor und Erfolgstrainer habe ich einen großen Teil meines Lebens damit verbracht, herauszufinden, was uns Menschen dazu bringt, das zu tun, was wir tun, wie wir miteinander umgehen und, vor allem, was uns glücklich macht – oder nicht. Ich widme meine Zeit, meine Energie und meine Leidenschaft nicht dem Ziel, Geld zu verdienen und materiellen Besitz anzuhäufen, sondern zu lernen, wie man Menschen inspirieren kann – einschließlich mich selbst –, um so glücklich wie möglich zu sein.

Auf dieser Reise hatte ich das Glück, viele weise und mitfühlende Lehrer zu haben, einschließlich einiger der besten Experten im Bereich persönlichen Wachstums, und dennoch war in all diesen Jahren mein einfühlsamster, verständnisvollster, weiser, sanfter und liebevoller Trainer kein »Guru« oder Experte, nicht einmal ein Mensch. Vielmehr war es mein treuer und absolut anbetungswürdiger Liebling, mein Hund Tyson.

Schon bevor Tyson in mein Leben trat, war es mein größter Wunsch, Erfolgstrainer zu sein, doch tief in meinem Herzen hatte ich eine Wunde, die daher rührte, dass ich mich selbst nicht wirklich hundertprozentig liebte, was mich wiederum davon abhielt, wirklich erfolgreich zu sein, wie es Millionen anderer Menschen auch geht. Heute bin ich dank Tyson ein erfolgreicher Erfolgstrainer, meine Wunde ist geheilt, und ich lebe meinen Traum, indem ich anderen Menschen helfe, *ihr* Leben zu heilen. Und all das verdanke ich einem Hund mit dem liebevollsten Herzen, der in der Lage war, das zu tun, was kein anderer vermochte: Er lehrte mich, mich selbst zu lieben.

Tyson kam vor neun Jahren auf höchst bemerkenswerte Weise in mein Leben, zu einer Zeit, als ich beruflich nicht mehr weiterwusste, meine Beziehung ins Wanken geraten war und, was am schlimmsten war, ich an einem selbstauferlegten Gefühl von Isolation litt, das auf die allmähliche Erkenntnis zurückzuführen war, dass mir – obwohl ich viele Freunde hatte – in all den Jahren und auf all meinen Reisen noch nie jemand begegnet war, der so war wie ich. Ich hatte immer gedacht, eines Tages würde ich so jemandem begegnen. Doch nach 42 Jahren war dieser »eine Tag« noch nicht gekommen. Ich fühlte mich wie ein Außenseiter, eine Anomalie, ein Alien in einer fremden Welt. Sicher, ich hatte zwei Augen, zwei Ohren und eine Nase wie alle anderen auch. Doch die Gedanken in meinem Kopf und die Gefühle in meinem Herzen schienen völlig anders zu sein als die jedes anderen Menschen. Ich schien Emotionen stärker zu empfinden als andere. Für einen erwachsenen Mann weinte ich erstaunlich viel – vor allem wenn ich Bilder des Leids und Schreckens in den Abendnachrichten sah. Berichte über Krieg oder Hunger oder – was mich am meisten berührte – Tiermisshandlungen schnitten mir ins Herz, so als würden sie mir selbst zugefügt.

Ich sehnte mich danach, bedingungslos zu lieben, doch ich wusste nicht, wie. Also zog ich mich immer mehr in mich selbst zurück und versank immer tiefer in eine Depression.

Dann erhielt ich eines Tages einen Anruf einer guten Freundin namens Nicole. Sie wusste, dass ich mich quälte, und sie wusste auch, dass meine damalige wunderschöne und liebevolle Partnerin Dana sich ebenso quälte. Also schlug sie vor, wir könnten uns um den Hund von Freunden von ihr kümmern, die nach England zurückgingen und jemanden brauchten, der den Hund sechs Monate lang versorgen würde, bevor sie ihn nachholen würden. Den Tollwut-Quarantänebestimmungen in Großbritannien zufolge hat man, wenn man im Ausland lebt und seinen Hund nach England bringen will, zwei Möglichkeiten: Entweder man bringt ihn mit und lässt ihn sechs Monate lang in einen Käfig in einer scheußlichen Quarantäneeinrichtung einsperren oder, und das ist die wesentlich angenehmere Wahl, man verabreicht ihm eine Impfung gegen Tollwut und bringt ihn bei einer Pflegefamilie unter, die ihn nach sechs Monaten in ein Flugzeug nach England setzt, und kann ihn nach der Ankunft direkt mit nach Hause nehmen. Das war also der Deal. Wir sollten den Hund – von dem Nicole sagte, dass er die Größe eines kleinen Löwen hatte – sechs Monate lang versorgen und ihn dann in ein Flugzeug nach England verfrachten.

Ich lehnte Nicoles Angebot ab; zum einen befürchtete ich damals, dass die Betreuung eines großen Hundes eine Belastung bedeuten würde, und zum anderen hatten wir nur einen kleinen Garten, was ich für den Hund als unangenehm empfand. Ich hatte nie zuvor einen Hund gehabt. Als ich noch klein war, hatte mein Vater eine schwarze Labradorhündin namens Bess, die ich von ganzem Herzen liebte; aber sie starb, als ich noch ein Kind war, und ich hatte das Gefühl, vielleicht nicht das Zeug zu haben, mich richtig um einen Hund zu kümmern. Doch so leicht ließ Nicole sich nicht abwimmeln. Sie wusste, dass ihre Freunde langsam panisch wurden, weil sie in ein paar Wochen fliegen würden und noch keinen gefunden hatten, der ihren Liebling aufnehmen würde – von dem ich nach weiteren Fragen erfuhr, dass es sich um eine sehr große vierjährige Rottweiler-Schäferhund-Mischung namens Tyson handelte. Nun, wenn ich

Sie jetzt bitten würde, sich einen riesigen Hund vorzustellen, halb Rottweiler und halb Deutscher Schäferhund, der 50 Kilo wiegt, wäre das Bild, das Ihnen in den Sinn kommt, wahrscheinlich ähnlich dem, das mir spontan in den Sinn kam! Ich sah vor meinem inneren Auge die Art von furchterregenden Kampfhunden, wie die Nazis sie benutzten, um die Stacheldrahtzäune ihrer furchtbaren Konzentrationslager zu patrouillieren: ein einziges Muskelpaket mit Riesenzähnen und speichelndem Maul, kraftvoll genug, um einem Menschen glatt das Bein abzubeißen! Wieder lehnte ich höflich ab. Nicole klang zwar traurig, aber sie sagte, sie würde verstehen. Ich nahm an, damit wäre die Sache erledigt.

In der darauf folgenden Woche rief sie wieder an.

»Bist du sicher?«, fragte sie. »Ich glaube, ein Hund würde dir sehr guttun. Warum gehst du nicht einfach mal hin und schaust ihn dir an?« Mittlerweile waren es nur noch zwei Wochen, bis Chloe und Paul, Tysons Besitzer, losfliegen würden, und sie hatten immer noch keinen gefunden, der bereit war, ihren Hund zu versorgen. Es sah so aus, als würden sie ihn sechs Monate lang in einen Käfig sperren lassen müssen, was ihnen offensichtlich große Sorgen bereitete. »Er ist ein wundervoller Kerl, ganz und gar nicht so, wie du ihn dir vorstellst«, fuhr Nicole fort. »Ich weiß, du wirst dich in ihn verlieben, und ich habe irgendwie das Gefühl, wie soll ich sagen ... dass ihr einfach zusammen sein *müsst*.«

Doch ich hatte meine Entscheidung getroffen.

Ein paar Tage später rief sie noch einmal an. »Irgendetwas sagt mir, dass du derjenige sein sollst, der sich um Tyson kümmert«, sagte sie. »Ich weiß nicht, warum; ich habe einfach das deutliche Gefühl, dass es so ist.«

Wenn ich heute zurückblicke, kann ich nicht mit Sicherheit sagen, ob Nicoles Worte meine Entscheidung ins Wanken brachten. Aber ich weiß genau, dass ich ihr Angebot ein drittes Mal ablehnte und dass ich mich, nachdem ich den Hörer aufgelegt hatte, fühlte, wie Jesus' Jünger Petrus sich nach seiner dritten Verleugnung gefühlt haben musste – so als hätte ich soeben etwas ganz Falsches getan, wenn ich auch nicht wusste, was.

Am nächsten Mittwoch – vier Tage bevor Chloe und Peter Tyson in einen Käfig verfrachten und ihren Flug zurück nach England ohne ihn antreten würden – befand ich mich vor einer Motorradwerkstatt 30 Kilometer entfernt auf der anderen Seite der Stadt, während die Mechaniker die jährlichen Wartungsarbeiten an meiner geliebten Kawasaki durchführten. Mein Handy klingelte. Es war Nicole.

»Ich weiß, du willst ihn nicht«, sagte sie sofort. »Doch ich dachte, ich versuche es einfach ein letztes Mal. Meine Freunde haben noch niemanden gefunden, der ihn nimmt, und am Samstag fliegen sie los.«

Als ich den verzweifelten Ton in ihrer Stimme hörte, erkannte ich, wie egoistisch ich gewesen war, und empfand plötzlich tiefes Mitgefühl für den Hund. Kein Tier sollte jemals in einen Käfig gesperrt werden, vor allem nicht sechs Monate lang und weit weg von seinen Besitzern.

»Also gut«, sagte ich. »Ich könnte ihn ja wenigstens mal kennenlernen, doch versprechen kann ich dir nichts.«

Jetzt hörte sich Nicole überglücklich an. Ich fragte sie, wo Chloe und Pat wohnten, und dachte, ich würde einfach zu ihnen fahren, sobald mein Motorrad fertig war. Was sie jedoch als Nächstes sagte, ließ mir die Haare zu Berge stehen, und mir fiel beinahe das Handy aus der Hand. Ich war weit außerhalb der Stadt, weit weg von meinem Haus. Und ich kam nur einmal im Jahr hierher, um mein Motorrad warten zu lassen. Doch an diesem Tag, genau in dem Augenblick, in dem Nicole anrief, war ich ungefähr zwei Minuten zu Fuß von Chloes und Pauls Haus entfernt!

Oft frage ich mich, wie es sich anfühlen muss, 90 Jahre alt zu sein und aus der Bequemlichkeit meines Lieblingsschaukelstuhls auf mein Leben zurückzublicken. Was würde ich am meisten bereuen? Worauf wäre ich am meisten stolz? Was wären meine glücklichsten Erinnerungen? Die ersten beiden Fragen kann ich noch nicht beantworten. Die dritte ist leicht.

Chloe und Paul machten zusammen die Tür auf und fielen mir vor lauter Aufregung fast in die Arme. Ich versuchte, sie zu beruhigen, und erklärte, dass ich nur gekommen war, um Tyson kennenzulernen, und noch nicht zugestimmt hatte, mich um ihn zu kümmern. Doch meine Worte verloren sich in einem verblüfften Schweigen, als ich hinter ihnen einen gigantischen wollartigen Bär auf mich zuspringen sah, den fröhlichsten, unmissverständlich schönsten Hund, den ich je gesehen hatte. Tyson, mit seinen großen Pelzpfoten und wedelndem Schwanz, rannte direkt an Chloe und Paul vorbei und sprang wie ein lang vermisster Geliebter in meine Arme, küsste und leckte mich begeistert ab, und fast wäre ich gestrauchelt und nach hinten gegen die Tür getaumelt.

Bis zum heutigen Tag weiß ich nicht, ob ihm klar war, dass ich sein Retter vor dem gefürchteten Käfig war, oder ob er mich auf Anhieb als seinen Seelengefährten erkannte. Alles, was ich weiß, ist, dass es Liebe auf den ersten Blick war – für uns beide! Als wir uns umarmten, fühlte es sich an, als wäre ich nach Hause gekommen – oder, um es noch treffender auszudrücken, als hätte ich es nach 42-jähriger Suche gefunden. In jenem Augenblick veränderte sich etwas in mir. Damals wusste ich nicht, was es war, doch heute weiß ich, dass in jenem Moment meine Heilung begann.

Wenn ich daran denke, wie wir uns begegnet sind – und angesichts der Tatsache, dass Nicole heute sagt, dass sie immer noch nicht weiß, was sie damals eigentlich so angetrieben hat, dass es geschah –, ist mir klar, dass Tyson und ich zusammen sein sollten.

Chloe und Paul brachten Tyson am Samstag zu uns nach Hause, zusammen mit Ginola, einem riesigen, Garfield-ähnlichen gelblich braunen Kater, den Nicole zu erwähnen vergessen hatte und der ebenso versorgt werden und sechs Monate später zusammen mit Tyson in ein Flugzeug nach England gesetzt werden sollte. Es war auf den ersten Blick klar, dass Tyson und Ginola nicht wie andere Hunde und Katzen waren. Sie waren zusammen aufgewachsen und mehr als nur Freunde – sie waren wie Brüder.

Sie kuschelten zusammen, leckten sich oft und schliefen sogar auf dem gleichen Kissen, wobei Ginola sich an Tysons Bauch zusammenrollte. In all den Jahren, in denen die beiden bei Dana und mir lebten, und später, nachdem wir uns trennten, bei mir allein, kümmerte Tyson sich jedes Mal um Ginolas Wunden, wenn er in einen Kampf mit einem der Kater aus der Nachbarschaft geraten war, was oft vorkam. Sobald Ginola nach Hause kam, hielt Tyson ihn sanft mit einer Pfote fest, während er seine Wunden sauber leckte. Und wann immer Gino draußen war und Tyson die Geräusche von einem Katzenkampf hörte, sprang er hoch – selbst aus tiefem Schlaf vor dem Kamin – und rannte in den Garten hinaus, wo er laut bellte und den Blick auf den Zaun am Ende des Gartens gerichtet hielt, bis Ginola nach Hause zurückkam.

Manchmal wartete Tyson eine Stunde und länger und entspannte sich erst, wenn er sah, wie Ginola über den Zaun zurückkletterte und geräuschvoll auf den Boden plumpste. Die unerschütterliche Loyalität und Sanftheit, die Tyson Ginola gegenüber zeigte, lehrte mich die Bedeutung wahrer Freundschaft auf eine Weise, wie es kein Buch, kein Seminar und kein Mensch je fertiggebracht hatte oder fertigbringen könnte. Ich weiß, dass ich, wenn ich meinen Freunden und angeblichen Feinden auch nur ein Viertel der Loyalität und Liebe angedeihen lassen könnte, die Tyson seinem »kleinen Bruder« angedeihen ließ, tatsächlich ein sehr reiches und glückliches Leben führen würde.

Von dem Tag an, als Tyson mit seinem ewig wedelnden Schwanz, seinen wuchtigen ungestümen Umarmungen und seinem unstillbaren Enthusiasmus in unser Leben gestapft war, wussten Dana und ich, dass es uns das Herz zerreißen würde, nach sechs kurzen Monaten von ihm Abschied nehmen zu müssen. Tatsächlich war es schon nach nur einer Woche unmöglich, sich ein Leben ohne ihn vorzustellen. Wo immer ich hinging, war Tyson ruhig an meiner Seite, ohne dass er je eines Halsbandes oder einer Leine bedurft hätte. An Straßen blieb er stehen, gehorchte allen Befehlen und wartete geduldig vor Geschäften, bis ich wieder herauskam. Passanten wunderten sich jedes Mal, wie schön er war, was für ein tadelloses gutes und freundliches Verhalten er an den Tag legte. Egal wem wir begegneten, Tyson ging jedes Mal direkt auf denjenigen zu, lehnte sich an ihn und schenkte ihm bedenkenlos oder bedingungslos seine Liebe.

»Wo kann ich einen Hund wie ihn finden?«, wurde ich oft gefragt. Ich musste ihnen erklären, dass er – so unglaublich es klingen mochte – als Welpe von seinem ersten Besitzer ausgesetzt und dann aus einem Tierheim gerettet worden war (von Chloe). Was bedeutete, dass man ihn kastriert hatte. Leider, musste ich ihnen sagen, würde es nie einen »Sohn von Tyson« geben!

Tyson und ich waren von Anfang an unzertrennlich. Bei Picknicks und beim Grillen im Garten oder im Park erwähnten sowohl Freunde als auch Fremde immer, wie wunderbar wir beide zusammenpassten und dass er so offensichtlich »mein« Hund war. Und wenn ich ihnen dann sagte, dass er nicht mir gehörte und ich mich nur für kurze Zeit um ihn kümmerte, meinten sie jedes Mal: »Er sollte es aber sein. Ihr passt einfach perfekt zusammen.« Genau mein Gedanke!

Dana erging es genauso. Tyson vergötterte sie total, und wo immer die beiden hingingen, machten die Leute Bemerkungen über die offensichtliche Stärke ihrer Verbindung. Doch als die Monate vorbeiflogen und der gefürchtete Tag immer näher rückte, wurden Dana und ich zusehends verzweifelter. Wir dachten ernsthaft darüber nach, umzuziehen und mit Tyson und Ginola einfach zu verschwinden, damit uns niemand finden konnte. Aber wir wussten auch, wie sehr Chloe die beiden liebte und dass es äußerst unfair wäre. Nein, es gab tatsächlich keine Möglichkeit für uns, dem Unvermeidlichen zu entrinnen.

Dann hatte ich eines Tages ein Aha-Erlebnis. Ich wusste, dass der Sinn des Lebens darin besteht, zu lernen und zu wachsen, also schaute ich mir unsere missliche Lage aus dieser Perspektive an – und kam blitzartig zu der Erkenntnis, dass Tyson und Ginola uns die Lektion lehren sollten, im Augenblick zu leben. Nichts währt ewig, genau wie das Leben. Uns steht nur eine begrenzte Anzahl von Tagen zur Verfügung. Anstatt also unser Leben damit zu verbringen, uns über das Sterben Sorgen zu machen, sollten wir nach Möglichkeit lieber jeden Moment genießen, solange wir hier sind. Unsere sechs Monate mit Tyson waren ein Mikrokosmos dieser Einstellung. Anstatt mit einer Jammermiene herumzulaufen in dem Wissen, dass es eines Tages vorbei sein würde, beschlossen wir, jeden Moment mit Tyson zu genießen. Und sobald wir diese Lektion verinnerlicht hatten, wurden wir mit einem Wunder belohnt.

Genau zwei Wochen vor dem entscheidenden Tag saßen Dana und ich abends vor dem Fernseher. Ginola schnurrte in Danas Schoß, und Tyson hatte sich zu meinen Füßen zusammengerollt und schlief, als das Telefon klingelte. Ich hob ab, und Dana sah es mir sofort an, wer der Anrufer war. Wir hatten seit mehreren Monaten nicht mit Chloe gesprochen, und darum dachte ich, sie würde nur anrufen, um sicherzugehen, dass ihre beiden Jungs für die Reise über den großen Teich bereit waren. Aber stattdessen sagte sie: »Simon, es tut mir so leid, Sie damit zu belasten, aber Paul und ich haben uns getrennt und verkaufen unser Haus. Ich weiß, dass ich sehr viel von Ihnen verlange, wenn ich Sie bitte, ob Sie bereit wären, Tyson und Ginola zu behalten, da wir uns hier nicht um sie kümmern können?«

Ich musste mich total zusammenreißen, um Chloe zu bedauern und das Telefonat so schnell wie möglich zu beenden, bevor die Freude in meinem Innern wie ein Vulkan ausbrach und ich laut rufend und lachend und weinend durchs Zimmer tanzte! Dana und ich weinten und umarmten einander, während uns die Tränen übers Gesicht liefen. Wir drückten Tyson und Ginola so eng an uns, dass wir sie beinahe zu Tode gequetscht hätten! In meinen ganzen 51 Jahren hatte ich nie einen besseren Anruf erhalten. Und ich weiß, dass ich nie einen besseren erhalten werde.

Und was am wichtigsten ist, ich habe die Lektion nie vergessen, die wir beide über das »Leben im Hier und Jetzt« gelernt hatten – und die Tatsache, dass unsere Engel uns jedes Mal sofort mit einem Geschenk oder reiner Freude belohnen, wenn wir eine solch wichtige Lektion lernen.

Eines Morgens ungefähr ein Jahr später, kurz nach Weihnachten, war ich früh auf und saß auf der Veranda, wo ich ein paar Notizen für ein Buch machte, das ich gerade schrieb. Dabei ging es um die Dynamik menschlicher Beziehungen und die Frage, warum sie oft so kurzlebig sind. Das Kapitel, an dem ich arbeitete, handelte von der Agonie und Verwirrung, die viele Menschen empfinden, wenn sie daran zu zweifeln beginnen, dass ihr Partner sie wirklich liebt, weil sie sich einfach nicht von ihm geliebt fühlen. Wie immer saß Tyson zu meinen Füßen, schaute mich mit seinen weisen braunen Riesenaugen an und wartete geduldig darauf, dass ich mit ihm spazieren ging. Als ich ihn anlächelte, kam mir eine Frage in den Sinn. Es fühlte sich beinahe so an, als hätte er sie mir telepathisch oder auf ähnliche Weise zukommen lassen. »Warum liebe ich dich so sehr?«, fragte ich laut und beugte mich zu ihm hinab, um ihn auf die Nase zu küssen. »Also ich weiß, dass du der sanfteste, freundlichste und liebevollste Hund der Welt bist. Doch sagst du mir nie, dass du mich liebst, und du kaufst mir nie irgendwelche Dinge oder gehst mit mir irgendwohin, um mir zu zeigen, dass du mich liebst!«

Und dann traf mich die Erkenntnis wie ein Schlag.

Ich liebte Tyson so sehr, weil er ZULIESS, dass ich ihn liebte!

So einfach war das. Vor lauter Freude küsste ich ihn noch einmal auf die Nase und begann so schnell ich konnte zu schreiben, da die Worte buchstäblich aus mir heraus aufs Papier strömten. So viele Menschen fühlen sich von ihren Partnern ungeliebt, weil ihre Partner sich in sich selbst zurückziehen, sobald ein Problem auftaucht. Auf diese Art gehen manche Menschen mit schwierigen Situationen um, was jedoch dazu führt, dass sich die andere Person allein gelassen und ungeliebt fühlt. Wir alle sehnen uns nach Offenheit und Ehrlichkeit. Wir möchten, dass unsere Partner voll und ganz präsent sind, dass sie uns an ihren Gefühlen teilhaben lassen und die tiefsten, dunkelsten Winkel ihres Herzens öffnen. Doch sehr vielen Menschen ist nicht wohl dabei, fürchten sie doch, sich verletzlich zu machen. Außerdem denken sie irrtümlicherweise, dass wir eigentlich von ihnen erwarten, dass sie stark sind, und dazu gehört, dass sie ihre Emotionen ausschalten – beziehungsweise ihre Herzen verschließen –, damit sie »die Arbeit erledigen können«. Sicher, wir lieben einen starken, zuverlässigen Partner, der uns das Gefühl gibt, in Sicherheit und beschützt zu sein. Aber nicht, wenn dies bedeutet, dass er sich vor seinen eigenen Emotionen verschließt und uns damit die Gelegenheit versagt, ihn aus tiefstem Herzen zu lieben. Denn im Grunde genommen geht es darum: Es fühlt sich besser an, jemanden zu lieben, als von jemandem geliebt zu werden. Wir sehnen uns danach, rückhaltlos lieben zu können, und wenn unser Partner das nicht zulässt – indem er sich nicht öffnet –, nehmen wir dies als Beweis, dass er uns nicht wirklich liebt.

Die schreckliche Ironie ist, dass der andere die ganze Zeit glaubt, ein guter Partner zu sein. Er liebt uns. Er sorgt sich um uns. Unser Wohlergehen liegt ihm am Herzen. Er arbeitet hart, um uns alles zu geben, was wir möchten. Er sagt uns sogar immer wieder, dass er uns liebt. Und er kann nicht verstehen, warum wir sagen, dass wir uns nicht geliebt fühlen! Dieses grundlegende Missverständnis kann sich schnell in Ablehnung und Bitterkeit verwandeln, was wiederum zu Wut, Streitereien und noch Schlimmerem führt. Und in den meisten Fällen trennen wir uns in dem Glauben, dass der andere uns nicht wirklich liebt, während er denkt, wir hätten den Verstand verloren, weil er schließlich die ganze Zeit nichts anderes getan hat, als uns zu lieben. Wenn er doch nur einfach sein Herz geöffnet und zugelassen hätte, dass wir ihn lieben! Dadurch »tun« sie natürlich im Grunde gar nichts, warum es ihnen auch so gut wie nie in den Sinn kommt. Es ist eine völlig passive Angelegenheit, und trotzdem kann es uns das Gefühl geben, als würden wir aktiv geliebt.

Ein paar Tage später, auf einer Silvesterparty, teilte ich meine Erkenntnis mit einem Mann, den ich kurz zuvor kennengelernt und der mir seine Beziehungsprobleme anvertraut hatte. Kaum hatte ich zu Ende gesprochen, strahlten seine Augen in neuem Glanz. Er bat mich, seinen Drink zu halten, dankte mir wortreich und eilte davon, um seine Frau zu finden. Ich sah, wie er zu einer schönen Frau lief, die allein auf einem Sofa saß, und sie lange und zärtlich umarmte, und ich wusste sofort, dass Tyson ihre Ehe gerettet hatte.

Leider konnte meine Beziehung mit Dana nicht gerettet werden. Wir trennten uns, doch unsere Liebe zu Tyson sorgte dafür, dass wir den Kontakt nie verloren haben, und heute, sieben Jahre später, sind wir uns näher als je zuvor. Es freut mich auch sehr, dass ich Danas neuen Freund David heute zu meinen besten Freunden zählen kann. Jeder Mensch – und ich meine wirklich *jeder* –, den ich in den vergangenen sieben Jahren kennengelernt habe und der erfährt, dass Dana und ich vier Jahre lang zusammengelebt haben, ist verblüfft zu erfahren, wie wir es geschafft haben, nicht nur enge Freunde zu bleiben, sondern unsere Liebe und Freundschaft auch noch zu vertiefen. Jeder fragt mich, wie um alles in der Welt wir das geschafft haben. Und jedes Mal gebe ich die gleiche Antwort, die aus einem einzigen Wort besteht: *Tyson*. Denn Sie müssen wissen, dass nach unserer Trennung alle Gefühle, die wir füreinander gehabt haben mochten, immer von zweitrangiger Bedeutung waren gegenüber der Notwendigkeit, für Tyson zu sorgen. Ginola war als Katze wesentlich anpassungsfähiger. Doch Tyson war eine sehr empfindsame Seele, und er liebte Dana ebenso sehr wie mich, daher war es wichtig, dass er mit beiden von uns viel Zeit verbrachte. Die Frage, wer Tyson haben sollte, stellte sich uns nicht ein einziges Mal. Dana und ich verloren nie ein Wort darüber, weil wir beide wussten, dass Tyson weder »ihr« noch »mein« Hund war – er war ein Engel, der in unser Leben gekommen war, und wo immer er gebraucht werden würde, da würde er sein.

Ich weiß, wie sehr Tyson Dana unmittelbar nach unserer Trennung half, und als sie später wegzog, um mit David zu leben, blieb Tyson bei mir. Und auf diese Weise gelang es ihm, unsere Herzen zu heilen.

Wann immer ich wegmusste, blieb Tyson bei Dana und David. Und sooft es mir möglich war, fuhr ich am Wochenende die drei Stunden zu ihrem Haus nördlich von Sydney, damit er eine ganze Woche bei ihnen sein konnte, bis sie ihn am darauf folgenden Wochenende zurückbrachten.

Um Ihnen eine Vorstellung davon zu geben, wie sehr er Dana liebte: Vier Jahre nach unserer Trennung gingen Tyson und ich die Hauptstraße in dem Vorort, in dem ich wohnte, entlang. Wir beide hörten den unverwechselbaren Piepston, der ertönt, wenn jemand seine Auto-Alarmanlage per Fernbedienung ausschaltet. Es war genau die gleiche Alarmanlage wie in Danas altem Auto, das sie Jahre zuvor verkauft hatte. Obwohl es schon so lange her war, dass Tyson diesen Ton gehört hatte, stellten sich seine Ohren sofort auf, und seine Augen wurden ganz groß mit einem ekstatischen Ausdruck von »Mum!«. Wie der Blitz rannte er davon, die Straße rauf und runter, so schnell seine Beine ihn tragen konnten, und suchte nach ihr.

Ich rief ihm nach, dass es nicht seine »Mum« war, doch er ignorierte mich. Er lief mindestens 20 Minuten lang immer wieder an den geparkten Autos vorbei, bevor ich ihn dazu bringen konnte, einzusehen – wenn auch nur widerwillig –, dass es nicht Danas Auto war, und schließlich folgte er mir nach Hause mit einem mitleiderregenden, verlorenen Ausdruck im Gesicht, der Art von »Wehe mir«-Ausdruck, zu dem nur wirklich traurige Hunde fähig sind und den kein Mensch auch nur im Ansatz nachahmen kann!

Tyson lebte noch sieben Jahre bei mir, bevor er starb, und in dieser ganzen Zeit hieß er jeden, der zu Besuch kam, immer mit dem gleichen freudigen Gruß willkommen. Aber Dana bereitete er stets einen ganz besonderen Empfang. Er schlug buchstäblich Rad und sprang jedes Mal vor Freude in die Luft, sobald er den unverkennbaren Klang ihrer Stimme hörte, wenn sie vom Auto aus seinen Namen rief, während sie in die Auffahrt einbog. Mir wurde gesagt, dass er sich genauso verhielt, wann immer ich kam, um ihn von ihrem Haus abzuholen. Sie sehen also, Dana und mir blieb gar nichts anderes übrig, als uns zu lieben, wenn das Objekt unserer Anbetung uns beide so sehr liebte. Unsere tiefe, andauernde Freundschaft ist ein weiterer Aspekt von Tysons Erbe und eine Lektion für uns – und für Sie alle –, nämlich dass Liebe niemals sterben muss. Die Jahre, die ich mit Tyson verbracht habe, waren bei Weitem die glücklichsten meines Lebens. Und in dieser ganzen Zeit hat er mir zahllose wertvolle Lektionen über Geduld, Loyalität und bedingungslose Liebe erteilt, indem er einfach nur er selbst war.

Doch die machtvollste und das Leben am stärksten verändernde Lektion von allen hob er sich mit Absicht bis zum Ende auf.

Ich wusste, dass Tyson langsam alt wurde und mein Albtraum bald Realität werden würde. Er war 13, was für seine Rasse und Größe weit über der durchschnittlichen Lebenserwartung lag. Aufgrund seiner fortschreitenden Arthritis hatte er Schwierigkeiten, sich von seinem Kissen zu erheben, und er bewegte sich nur sehr langsam. Zudem hatte er einen Gehirntumor, der alle paar Wochen schlimme epilepsieartige Anfälle verursachte. Doch er beschwerte sich nicht ein einziges Mal und zeigte bis zu seinem Tod niemals auch nur eine Spur von schlechter Laune – eine weitere Lektion, die zu lernen uns Menschen guttun würde! Die schwierigste Herausforderung, wenn man ein Haustier hat, ist das Wissen, dass man sich eines Tages von ihm verabschieden muss. Wir lieben unsere Haustiere wie unsere Kinder, und dennoch – bei einem Kind gehen wir davon aus, dass der natürlichen Ordnung der Dinge zufolge wir vor ihm sterben werden. Wir lieben unsere Tiere genauso wie unseren Mann oder unsere Frau, doch wenn wir uns verlieben, denken wir nie daran, wer zuerst gehen wird. Bei einem Tier ist das anders. Von Anfang an wissen wir, dass – wenn keine Tragödie passiert – wir es eines Tages beerdigen müssen. Und der Schmerz aufgrund dieses Wissens ist kaum zu ertragen. Ich war nie in der Lage, mir ein Leben ohne Tyson überhaupt vorzustellen. Er war mein Partner, mein Sohn und meine ganze Welt. Und ich wusste, dass ich, wenn der Tag kam, zerbrechen würde. Doch Tyson hatte andere Vorstellungen.

Eines Montagmorgens, ungefähr zwei Monate nach seinem 13. Geburtstag, brachte ich ihn zum Waschen in den Tiersalon in der Tierarztpraxis, wohin ich Tyson immer brachte, wenn er krank war. Die Ärzte und Schwestern, die dort arbeiten, waren zu Tysons zweiter Familie geworden. Sie liebten ihn, als ob er ihnen gehörte, und er wurde immer gehätschelt. Als Tyson älter wurde, beschloss ich, ihn in der Tierarztpraxis waschen zu lassen statt in einem Tiersalon, für den Fall, dass irgendetwas passierte – dann wäre er am richtigen Ort, um nötigenfalls sofort professionelle Hilfe zu bekommen. Dies sollte sich als eine der besten Entscheidungen herausstellen, die ich je getroffen habe.

Ein paar Stunden nachdem ich ihn in der Praxis abgeliefert hatte, bekam ich einen Anruf von dem Tierarzt. Er sagte, dass Tyson Atemprobleme habe. Ich fuhr sofort hin und fand ihn auf dem Operationstisch, wo er von zwei Notfallärzten untersucht wurde. Mittlerweile konnte Tyson überhaupt nicht mehr atmen und wurde langsam blau im Gesicht, also verabreichten sie ihm ein starkes Betäubungsmittel und führten ihm einen Sauerstoffschlauch in die Luftröhre ein.

Dann fuhren wir mit ihm in hohem Tempo quer durch die Stadt zu einem 24 Stunden geöffneten Veterinärhospital, wo er rund um die Uhr versorgt werden konnte. Als Erstes rasierten ihn die Ärzte vom Kopf bis zu den Krallen – einschließlich Schwanz, Ohren, Gesicht und Pfoten –, um herauszufinden, ob er von einer Lähmung verursachenden Zecke gebissen worden war, was in Australien an der Tagesordnung ist. Doch er hatte keinen Zeckenbiss. Stattdessen zeigte ein CT-Scan später, dass der Tumor in seinem Gehirn geplatzt und zu der teilweisen Lähmung geführt hatte. Drei Tage lang kämpften die Ärzte um sein Leben. Eine Schwester sagte mir später, dass sie in ihren zehn Jahren in dem Krankenhaus nie erlebt hatte, dass die Ärzte sich so intensiv um einen Patienten gekümmert hatten. Es überraschte mich nicht – Tyson hatte diese Wirkung auf jeden, der ihm begegnete!

Ein paar Tage später konnte er zwar wieder ohne fremde Hilfe atmen, doch war der größte Teil seines Körpers noch immer gelähmt, und ich erfuhr, er würde nie wieder sitzen oder gehen können. Und sollte der Tumor noch einmal platzen, würde dies höchstwahrscheinlich seinen Tod bedeuten. Ich bat die Ärzte, mir ein wenig Zeit allein mit Tyson zu lassen, und legte mich, wie mir schien, für Stunden auf den Boden neben ihn, weinend und ihn im Arm haltend, bis ich den Mut aufbrachte, ihn zu fragen, ob er bleiben oder gehen wollte.

Er stand unter Drogen, war rasiert, gelähmt, voller Angst und erschöpft, doch noch immer war dieser ewig liebende und hingebungsvolle Ausdruck in seinem schönen Gesicht, als er tief in meine tränenerfüllten Augen schaute. Es war kein Blick des Schmerzes oder Selbstmitleids, sondern reiner Liebe für mich. Ich werde diesen Blick nie vergessen. Und er sagte mir alles, was ich wissen musste. Dana und David waren auf Urlaub in Indonesien, und sie nahmen den ersten

Flug zurück nach Sydney, der am frühen Samstagmorgen landen sollte.

An diesem Morgen fuhr ich Tyson ganz langsam auf seiner letzten Reise vom Krankenhaus nach Hause. Ich trug ihn ins Haus und legte ihn auf sein Bett, das ich ins Wohnzimmer gebracht und mit seinen Lieblingsspielzeugen und Teddys umgeben hatte. Ohne sein Fell sah er so zerbrechlich und schmal aus, und wenn er seinen Kopf auch ein wenig bewegen konnte, war sein Körper gebrochen und bewegungslos.

Ich tat mein Bestes, ihn aufzuheitern, sang ihm vor und wiegte ihn in meinen Armen, bis Danas und Davids Taxi vom Flughafen ankam. In den nächsten paar Stunden streichelten und küssten wir drei Tyson und dankten ihm wieder und wieder für all die Freude und Liebe und Weisheit, die er uns gebracht hatte. Er war völlig ruhig, obwohl er sich nicht bewegen konnte, und war sichtbar glücklich, wieder zu Hause und von seiner Familie umgeben zu sein. Ginola kam herein und gab ihm einen Kuss auf die Nase, und mit einer gewaltigen Anstrengung hob Tyson den Kopf und leckte seinem kleinen Bruder ein letztes Mal behutsam das Gesicht.

Ich habe nicht den geringsten Zweifel, dass Tyson genau wusste, was mit ihm passierte. In der Nacht zuvor im Krankenhaus hatte ich stundenlang neben ihm gelegen und ihm erklärt, dass er am Morgen nach Hause kommen und dass er erst dann nach Hause gehen würde. Ich wusste, er verstand mich.

Dann kam Nicole, um sich von Tyson zu verabschieden. Sie war überhaupt der Grund, dass wir mit Tysons Anwesenheit in unserem Leben gesegnet worden waren. Sie hatte uns alle zusammengebracht, sie war Teil der Familie, und wir wollten, dass sie in Tysons letzten Stunden dabei war. Sie hatte ihm ein köstliches Hühnchen mitgebracht, das sie extra für ihn zubereitet hatte, und gemeinsam reichten wir Tyson sein Abschiedsmahl, das er mit einem wundervollen letzten Auflodern von Welpenenergie verschlang. Dann war die Zeit gekommen.

Der Tierarzt erschien mit einer Schwester. Während sie die tödliche Injektion verabreichte, hielten wir alle vier Tyson in den Armen und lächelten ihn an und küssten ihn und sagten ihm, wie sehr wir ihn lieben. Ich schaute in seine Augen und sagte immer wieder: »Danke, danke, danke! Danke, dass du dich entschieden hast, dein Leben mit mir zu teilen. Danke für all deine Liebe. Danke, mein Liebling. Danke!«

Tyson spürte nicht einmal, wie die tödliche Flüssigkeit durch einen Katheter in seinem Bein in seinen Körper gepumpt wurde. Und seine Augen blickten mich unverwandt an und unterbrachen nicht einmal für eine Sekunde den Kontakt, während das Gift durch seine Venen auf sein Herz zuraste. Genau in dem Augenblick, in dem es sein Herz erreichte und er das Bewusstsein verlor, passierten zwei Dinge, die das Leben aller Anwesenden im Raum für immer veränderten. Die Haustür flog plötzlich mit einem lauten Knall auf, und eine Zehntelsekunde später – obwohl sein Schwanz durch den Schlaganfall gelähmt war, den er fünf Tage zuvor erlitten hatte – wedelte Tyson vier- oder fünfmal kräftig damit, und dann war er gegangen. Es war physisch eigentlich völlig unmöglich, aber es passierte.

Von einem Augenblick auf den anderen verwandelten sich unsere Tränen der Trauer in Tränen der Freude, weil wir wussten, dass es ihm wieder gut ging. Er muss einen Engel gesehen haben, der gekommen war, um ihn abzuholen, und hatte es irgendwie fertiggebracht, genau in dem Moment mit dem Schwanz zu wedeln, als er auf die geistige Ebene hinüberwechselte. Am Morgen des gleichen Tages hatte ich meinen Vater, der viele Jahre zuvor gestorben war, gebeten, zu kommen und Tyson zu holen und dafür zu sorgen, dass es ihm gut ging. Ob er es nun war oder ein Engel, der durch die Haustür hereingekommen war, kann ich nicht sagen, und es ist auch nicht wichtig. Wichtig ist, dass wir buchstäblich sahen, wie Tyson in den Himmel hinüberging, und was zurückblieb, war nichts weiter als ein leeres Gefäß – ein zerbrechlicher, kaputter alter Körper, der seinen Zweck erfüllt hatte und nicht mehr gebraucht wurde. Indem er uns dieses Wunder gezeigt und mit dem Schwanz gewedelt hatte, hatte Tyson uns auf seine unnachahmliche Art eine letzte, lebensverändernde Lektion geschenkt … dass es wirklich einen Himmel gibt und wir uns nicht vor dem Tod fürchten müssen.

Ich weiß, dass Tyson mich weiterhin in den kommenden Jahren von der spirituellen Ebene aus lehren und führen wird. Und ich weiß, dass er da sein und mich begrüßen wird, wenn meine Stunde gekommen ist, und dass wir dann für immer zusammen sein werden.

Bis es so weit ist, werde ich mein Leben damit verbringen, durch meine Bücher und Seminare so vielen Menschen wie möglich Tysons Lehren nahezubringen, damit diese bemerkenswerte Liebe und Weisheit andere heilen können, so wie sie mich geheilt haben.

Simon bat mich zu versuchen, Kontakt mit Tyson aufzunehmen, und dieser große, tapfere Hund kam sofort in mein Herz. Er zeigte mir seinen Namen, der in einer besonderen Schrift geschrieben war. Als ich Simon davon berichtete, war er begeistert und sagte, dass er sich am Tag nach Tysons Tod ein Tattoo mit Tysons Namen auf seinem rechten Handgelenk hatte anbringen lassen, das genau so aussah, wie Tyson es mir gezeigt hatte.

7

Mystische Haustiere

Tiere, die Geistwesen sehen
und mit ihnen kommunizieren können.

*Haustiere sind stärker auf ihre Intuition eingestimmt, als es uns
Menschen, soweit wir wissen, jemals möglich war. Wir sollten ihrem Beispiel folgen.*

Jenny Smedley

ICH BIN HIER!

Elise sandte mir diese Geschichte:

Kurz nach meiner Hochzeit, an meinem 22. Geburtstag am
19. Januar 1979, naiv, unerfahren und mir ein Baby wün-
schend, zog ich eines Samstagmorgens mit genau 60 Pfund
in der Tasche los, um Lebensmittel für die nächste Woche
einzukaufen. Als ich auf dem Weg zum Supermarkt an einer
Tierhandlung vorbeikam, fiel mein Blick auf ein einsames
schwarz-weißes Hundebaby hinter dem Schaufenster. Und
was soll ich sagen, Lebensmittel kaufte ich keine, stattdessen
kam ich kurz darauf – zum Schrecken meines Mannes – mit
einem sechs Wochen alten Border-Collie-Welpen nach
Hause. Schrecken deshalb, weil wir beide Ganztagsjobs
hatten und ich nicht wusste, wie ich ein Hundebaby, ganz

zu schweigen von einem ausgewachsenen Hund, versorgen sollte; zudem passte die Rasse überhaupt nicht zu unserem Lebensstil. Wir nannten ihn Patch, weil er einen schwarzen Fleck auf dem Nacken hatte. Und nach einer Auseinandersetzung darüber, ob wir Patch behalten sollten oder nicht, war es einfacher, einen Namen zu wählen, den mein Mann für seinen eigenen Hund Jahre zuvor verwendet hatte und der zu unserem neuen Familienmitglied passte. Irgendwie gelang es uns, damit zurechtzukommen.

In gewisser Weise könnte man sagen, dass Patch und ich zusammen aufwuchsen. Zum ersten Mal in meinem Leben lernte ich, Verantwortung zu übernehmen und mich um ein Wesen zu kümmern, das von mir abhängig war. Patch hatte seine Fehler; in Wahrheit waren es allerdings meine, was daran lag, dass ich nicht fähig war, ihm zu geben, was er als junger, heranwachsender und extrem intelligenter, aktiver Hund brauchte. Daher konnte er manchmal »unartig« sein. Dennoch war er mehr als 16 Jahre lang mein bester Freund, Ersatzkind und Gefährte. Er war der Freund, der mich davor bewahrte, während einer unglücklichen Ehe, einer Frühgeburt, der Scheidung und des Verlustes meines Arbeitsplatzes total auszurasten. Zu sagen, dass er mir zu der Zeit die einzige wirkliche Stabilität in meinem Leben bot, wäre eine Untertreibung.

Patch war immer in meiner Nähe. Er schlief auf dem Bett, lag auf dem Sofa, nahm seine Mahlzeiten mit mir ein und war, ehrlich gesagt, ganz schön verwöhnt. Das heißt, wenn Sie noch nie ein Buch von Cesar Milan gelesen haben (bekannter Spezialist für Hundeverhalten). Denn sonst würden Sie wahrscheinlich sagen, dass ich ein ziemlich lausiger Hundebesitzer war! Ich gebe zu, dass ich heute alles ganz anders machen würde. Heute wachsen meine Hunde wie Hunde auf und nicht wie Menschen und werden entsprechend versorgt; sie sind trainiert, gut erzogen und akzeptieren die maßgebliche hierarchische Ordnung im »Rudel«. Sie schlafen nicht auf dem Bett und dürfen auch nicht aufs Sofa! Aber trotzdem, was waren das damals für wunderbare Zeiten. Wir waren eine Art Seelengefährten. Man sagt, dass Hunde so werden wie ihre Besitzer, und ich bin davon überzeugt, dass dem so ist. Damals war ich ziemlich neurotisch; wen wird es da wundern, dass ich einen ziemlich neurotischen Hund hatte! Doch wir liebten einander bedingungslos neun lange Jahre, bis zu einem Tag im Jahre 1987, den ich nie vergessen werde!

Ich hatte meine Mutter in Esher, Surrey, besucht und Patch mitgenommen. Er begleitete mich fast überallhin, außer wenn ich arbeitete oder ihn nicht mitnehmen konnte, daher blieb er oft bei meiner Mutter, damit er Gesellschaft hatte, bis ich ihn wieder abholte. An diesem bestimmten Tag wollte ich einen Freund besuchen, der in einem Nachbardorf wohnte, und ließ Patch im Garten meiner Mutter. Der Garten grenzte an ein offenes Feld, wo wir oft zusammen spazieren gingen. Irgendwann am Nachmittag fuhr ich los und kam erst gegen 18 Uhr zurück. Ich war sicher, dass meine Mutter Patch ins Haus geholt hatte, bevor ich kam, damit ich ihn dann mit zu mir nach Byfleet nehmen konnte. Ich schloss die Tür auf (meine Mutter bestand stets darauf, dass ihre Töchter Schlüssel zum Elternhaus hatten) und erwartete, dass Patch zu mir gerannt kam und mich begrüßte, so wie er es immer tat. Doch er war nicht im Haus. »Mum«, rief ich. »Ich bin zurück, ist Patch noch im Garten?«

»Ich weiß nicht«, antwortete sie. »Ich dachte, du hättest ihn mitgenommen.« Im Garten war er auch nicht. Tatsächlich konnten wir ihn nirgends finden. Patch war einfach spurlos verschwunden. Das war am 20. Dezember 1989, fünf Tage vor Weihnachten.

Es wurde das schlimmste Weihnachten meines Lebens. Erst kurz zuvor hatte ich meinen Job und meinen Geliebten verloren, und jetzt war auch noch mein einziger wahrer Freund, Verbündeter, mein Baby, mein Seelengefährte – der Grund, warum ich überhaupt weitermachte – verschwunden. Mithilfe meiner Familie verbrachte ich die Weihnachtstage damit, die nahe gelegenen Felder, Dörfer, Wälder und Uferwege abzusuchen. Da ich schon immer eine rastlose Seele gewesen war (mit Patch war ich schon diverse Male umgezogen), suchten wir die Hundespazierwege in Surrey in einem Radius von 25 Meilen ab. Die größte Suchaktion für einen verloren gegangenen Hund wurde gestartet, farbige Plakate mit einem Foto und einer Beschreibung von ihm wurden an jedem nur denkbaren Ort aufgehängt, in Guildford, East Horsley, Molesey, Byfleet und vielen anderen Dörfern in Surrey, überall, wo wir unsere glücklichsten Stunden beim Wandern durch Wälder und Felder verbracht hatten. Damals steckte das Internet noch in den Anfängen, also bestand die einzige Möglichkeit, ihn zu finden, darin, Plakate aufzuhängen und so viele wie möglich in den lokalen Zeitungen, Radiostationen, Tierarztpraxen zu verteilen, wo immer es erlaubt war, Suchmeldungen auszuhängen.

Ich erinnere mich, dass ich nach den Weihnachtstagen krank wurde und mit hohem Fieber das Bett hüten musste, aber das Schlimmste war, dass ich nicht nach meinem Baby suchen konnte. Ich verfasste lange, traurige Gedichte, in denen ich um den Verlust meines geliebten Patch trauerte und das Universum verzweifelt um himmlische oder göttliche Hilfe bat. Ich schickte meinem Hund telepathische Botschaften und ließ ihn wissen, dass ich ihn furchtbar vermisste, und bat ihn inbrünstig, gut auf sich aufzupassen, bis ich ihn finden würde. Es erstaunte mich, wie sehr die Leute sich kümmerten. Die Telefonanrufe, die ich in diesen Tagen erhielt, waren zutiefst berührend und kamen von Menschen, die ich nicht kannte, denen ich noch nie begegnet war und denen ich vielleicht auch nie wieder begegnen würde. Ich erhielt Hilfsangebote von Fremden, die mich anriefen und mir sagten, dass sie an Patch und mich dachten und die Augen aufhalten würden, wenn sie mit ihren eigenen Hunden spazieren gingen. Viele Anrufer glaubten, ihn gesehen zu haben, und als ich wieder aufstehen und das Haus verlassen konnte, fuhr ich in viele Gegenden, in denen Patch angeblich gesehen worden war.

Ein junges Paar mit genügend eigenen Problemen, ein seelisch gestörter junger Mann und seine schwangere Freundin, deren Niederkunft wenige Tage bevorstand, bestand darauf, mich zu begleiten und mit mir nahe gelegene Felder zu durchkämmen. Ich hatte tatsächlich das Gefühl, als sei mir eine Dosis göttlicher Intervention in Form all der wundervollen Menschen zuteilgeworden, die in den ersten schlimmen Wochen, an die ich mich je erinnern kann, in meinem Leben erschienen. Und ich war mir nie sicher, ob ich das alles wirklich verdiente – denn was hatte ich schließlich jemals dazu beigetragen, anderen zu helfen?

Am 28. Januar 1988 erhielt ich einen Anruf. Patch war seit 39 Tagen verschwunden. Ich hatte zu diesem Zeitpunkt so viele Anrufe bekommen, dass ich keine großen Erwartungen mehr hatte, doch die Stimme der Frau am anderen Ende klang anders als die aller anderen. »Ich rufe wegen des Hundes an«, sagte sie. »Doch ich kann Ihnen meinen Namen nicht nennen, weil ich weiß, wer ihn hat, und es ist zu gefährlich, Ihnen zu sagen, wer ich bin.«

Ich fand das Ganze etwas zweifelhaft, also fragte ich sie, woher sie wissen konnte, dass es mein Hund war. »Nun«, sagte sie, »er ist ein schwarz-weißer Border Collie, der langsam grau wird. Man hat ihn kurz vor Weihnachten von einem Feld in Esher gestohlen, und ich weiß, wer es getan hat.« Jetzt war ich ganz Ohr. »Der Mann, der ihn gestohlen hat, ist ein Drogenhändler und lebt in Kingston. Ihr Hund ist immer noch dort. Ich habe gehört, wie er mit dem Hund geprahlt hat, den er in Esher geklaut hat, und er hat ihn auch in die Kneipe mitgebracht.« Die Frau hatte Angst, mir zu sagen, wer sie war, obwohl eine Belohnung für jegliche Information angeboten wurde, und ich hatte das Gefühl, dass sie diese Belohnung gut gebrauchen könnte, obwohl es ihr offensichtlich wichtiger war, dass ich meinen Hund zurückbekam. Es war, als wüsste sie, was ich durchmachte. Vielleicht hatte sie etwas Ähnliches erlebt und konnte daher mitfühlen. Menschen, die großen Schmerz erlebt haben, sind häufig auch in der Lage, Mitgefühl für andere zu empfinden, und es kam mir vor, als hätte sie irgendwann ihre eigene traumatische Verlusterfahrung gemacht. Wer immer sie war, was mich betraf, war diese Frau entweder ein wahrer Engel oder mit Sicherheit von einem Engel gesandt worden.

Patch war bei allen lokalen Polizeistationen als vermisst gemeldet, doch da es sich hier um die Kingston-upon-Thames-Gegend handelte, informierte man mich nach einem kurzen Gespräch mit der Polizei von Esher, dass ich mit ihren Kollegen in Kingston sprechen sollte. Mist, dachte ich und fuhr mit meinem Untermieter, einem charmanten jungen Mann (ich werde ihn hier Tim nennen), der mich während dieser traumatischen Wochen vollends unterstützt hatte, zur Polizeistation in Kingston. Mittlerweile war ich mit den Nerven völlig fertig und musste unbedingt wissen, ob Patch tatsächlich an dem Ort war, den die Frau mir genannt hatte, und ob er es wirklich war, und ich war wild entschlossen, notfalls auch allein mit meinem Untermieter zu der Adresse zu gehen, die sie mir gegeben hatte. Doch die Polizei wollte nichts davon hören: »Sie können auf keinen Fall allein zu diesem Haus gehen, und woher können Sie überhaupt wissen, dass es wirklich Ihr Hund ist?«, fragten sie und brachten uns in ein Verhörzimmer, wo ich ihnen weitere Details geben musste. »Schön«, sagte ich, »ich gebe Ihnen eine genaue Beschreibung, dann können Sie selbst nachschauen.«

Ich wurde immer wütender und fuhr fort: »Erstens – er hat eine weiße Schnauze und einen weißen Streifen mitten auf seinem schwarzen Kopf; außerdem hat er eine weiße Brust und einen weißen Bauch. Zweitens – er hat drei schwarze Beine mit weißen Söckchen; das linke Vorderbein ist weiß mit schwarzen Flecken. Drittens – sein buschiger schwarzer Schwanz hat eine weiße Spitze; er hat eine schwarze, diamantförmige Stelle auf seinem Nacken. Und viertens … er hat keine Hoden!«

»Wow, immer mit der Ruhe, meine Liebe. Wir mussten einfach sicher sein, bevor wir in eine fremde Wohnung stürmen, dass wir etwas Konkretes in der Hand haben … okay, okay … nehmen wir einen Streifenwagen und fahren los.«

Drei Polizisten, ein Streifenwagen, eine sehr aufgebrachte Frau an der Grenze zur Hysterie und ihr Untermieter fuhren etwa um acht Uhr abends durch Kingston. Diese fast hysterische Frau blieb mit Tim und einem Polizisten im Streifenwagen sitzen, während die beiden anderen Polizisten in einem Wohnhaus in der Nähe verschwanden. Es schien eine Ewigkeit zu dauern, und ich weiß nicht, wie lange sie tatsächlich weg waren, doch irgendwann sah ich sie zum Auto zurückkommen … lächelnd. »Also, meine Liebe, Sie müssen jetzt ganz ruhig bleiben … Ich glaube, wir haben Ihren Hund gefunden.« Und so ruhig ich konnte ließ ich Tim mit dem Fahrer im Auto zurück und ging mit den beiden Polizisten in das Wohnhaus und zu einer Eingangstür auf der zweiten Etage. »Wir müssen Sie warnen«, sagte einer der Polizisten, »dieser Mann steht unter Drogen und ist nicht wirklich ansprechbar. Seine Freundin ist auch da und ebenso ziemlich unter Drogen, also gehen wir nur kurz rein, damit Sie den Hund identifizieren können.«

Patch erkannte mich kaum und sah aus, als hätte man ihn auch unter Drogen gesetzt, oder er war so traumatisiert durch das, was er möglicherweise erlebt hatte, dass er nur aufstehen und zu mir wanken konnte, mit einem leicht glasigen Ausdruck in den Augen und einem halbherzigen müden Schwanzwedeln. In dem Moment brach ich in Tränen aus und legte meine Arme um mein geliebtes Tier. Die Polizisten fragten mich, ob ich Anzeige erstatten wollte, doch angesichts des Zustands dieser beiden Menschen in der Wohnung sagte ich, sie hätten wahrscheinlich schon genug gelitten. Der Mann weinte, bat mich um Vergebung und versicherte mir, dass er nicht wirklich gewusst hatte, was er getan hatte, und die Frau war so daneben, dass sie vermutlich gar nicht wusste, was hier eigentlich los war. Ich wollte nur noch mit Patch nach Hause, ihn so schnell wie möglich vom Tierarzt untersuchen lassen und ihn einfach wieder bei mir haben. Wir mussten noch einmal auf die Wache, um weitere Angaben zu machen, und fuhren dann mit Patch nach Hause, wo er mit glasigen Augen und völlig abwesend ein paar Tage lang herumlag. Der Tierarzt konnte nichts Besorgniserregendes entdecken, obwohl Tim sicher war, dass er misshandelt worden war, und zwar wegen der befremdlichen Reaktion von Patch, als dieser sah, wie Tim seinen Gürtel aus der Hose zog, um sich umzuziehen.

Wie auch immer, es dauerte nicht lange, und Patch war wieder ganz der Alte, und wir nahmen wieder ein einigermaßen normales Leben auf. Es stellte sich heraus, dass der Mann am Fluss hinter dem Haus meiner Mutter geangelt und seinen Wagen auf dem Feld geparkt hatte. Patch war über die Mauer an der hinteren Seite des Gartens meiner Mutter gesprungen und einfach in das offene Auto (er war verrückt nach Autos und Autofahren und sprang öfter mal in ein Auto mit offener Tür) hineingesprungen. Der Mann war mit ihm davongefahren, doch zuvor hatte er Patch das Halsband mit seinem Namen abgenommen. So war er sich in Wahrheit seiner Handlung voll und ganz bewusst gewesen!

Patch blieb noch fast sieben Jahre lang als mein bester Freund und Seelengefährte ein wichtiger Teil meines Lebens, bis er schließlich im hohen Alter von 16 Jahren im Juli 1995 starb. Ohne die Hilfe der vielen wundervollen Menschen, der örtlichen Zeitungen und vor allem der Frau, die einen Artikel in den *Esher News and Mail* (verfasst von Animal Lifeline, einer bekannten Wohltätigkeitsorganisation in Surrey) gelesen hatte, die, da bin ich mir sicher, von den Engeln, dem Universum oder wem auch immer geschickt worden waren, hätte ich Patch wohl nie gefunden. Indem ich diese Geschichte aufschreibe, möchte ich, wenn auch etwas verspätet, meinen tiefen und ehrlich gemeinten Dank zum Ausdruck bringen für all ihre Hilfe und Liebe! Mein Glaube an die Möglichkeit göttlicher Intervention in dieser schwierigen Zeit wurde aufs Wunderbarste belohnt in Form der liebevollsten Menschen, die man sich nur wünschen konnte, und der Rückkehr meines geliebten Hundes Patch.

Der Grund, warum ich diese Geschichte hier eingefügt habe, ist meine Überzeugung, dass Patch eine Botschaft von seiner Besitzerin Elise empfangen und es daraufhin irgendwie fertiggebracht hatte, zu der Frau durchzukommen, die den »Kidnapper« kannte und Elise informierte. Als sie den Hund in der Kneipe sah, war die Frau vermutlich von dem Gefühl überwältigt, diesen Hund dahin zurückbringen zu müssen, wo er hingehörte, und wollte darum auch keine Belohnung annehmen.

EIN STILLER ABSCHIED

Amandas Geschichte handelt von telepathischer Kommunikation mit einem geliebten Haustier.

Ich habe fast alle meine Katzen – Tigger, der orange-weiße Mischling, Whiska, die kleine schwarze Jägerin, und Spooky, mein graues Mädchen – nach ihrem Tod gesehen. Sie wuchsen gemeinsam mit mir heran, und immer wieder kam es vor, dass ich sie nach ihrem Ableben flüchtig in unserem alten Haus und darum herum herumstromern sah. Ich glaube, es war nach Whiskas Tod – sie wurde überfahren –, dass ich eines Nachts im Bett lag und spürte, wie sie auf das Bett sprang und sich auf meiner Brust zusammenrollte. Damals hatten wir gerade keine Katzen, daher gab es keine logische Erklärung für dieses Erlebnis.

Des Weiteren hatte ich mit zwölf Jahren einen kleinen schwarzen Kater mit Namen Raphael, der mich telepathisch wissen ließ, dass er sehr krank war und bald sterben würde. Ich informierte meine Eltern, doch sie glaubten mir nicht. Kurz danach fuhren wir für eine Woche in die Ferien (ich wollte nicht mit und weinte, und man musste mich von dem Kater wegzerren). In dieser Zeit versorgten meine Großeltern die Katzen. Als ich zurückkam, war Raphael gestorben – ich glaube, er hatte Leukämie. Aber ich weiß, dass der Tierarzt sich so große Sorgen machte, dass es sich vielleicht um ein allzu gefährliches Virus handelte, um eine Autopsie durchzuführen. Auch meinen kleinen Kater habe ich nach seinem Ableben hin und wieder gesehen.

GENAU DORT, WO ICH SEIN SOLL

Tracey kümmert sich als Hundesitterin um die Hunde anderer Leute in ihrem Haus, doch einige bedeuten ihr mehr als andere.

Es war definitiv Liebe auf den ersten Blick. Nicht in der Art einer Urlaubsromanze, die toll ist, solange sie währt, aber bald vergessen ist. Dies war die herzergreifende, lebensverändernde, ewige Art.

Als Misty am Donnerstag, dem 26. März 2009, zum ersten Mal in unsere Küche spaziert kam, wusste ich sofort, dass sie wirklich ein ganz besonderer kleiner Hund war: ein wunderschöner, sechs Jahre alter Cockerspaniel mit glänzendem schwarzem Samtfell, strahlenden braunen Riesenaugen und dem erstaunlichsten Charakter.

Die anderen Hunde kamen nicht gleich auf sie zu, um sie zu untersuchen und ihr Hinterteil zu beschnüffeln; stattdessen beobachteten sie still, wie sie ins Zimmer kam, und hielten respektvoll Abstand, während sie sich ruhig umschaute und es sich dann auf eine unnachahmlich majestätische Art auf ihrem Kissen bequem machte. Auch sie wussten instinktiv, dass wir hier einen ganz besonderen Gast hatten. Es war, als sei die Königin auf einen Besuch zu uns gekommen. Queen Misty hatte unser bescheidenes Heim betreten.

Dieses erste Mal blieb sie nur für drei Nächte, die viel zu schnell vorbei waren. Ich gebe es zu: Ich verliebe mich in jeden Hund, der vorübergehend zu mir kommt. Ich liebe sie alle, und dann muss ich sie zurückgeben. Im Laufe der Zeit war es mir immer besser gelungen, sie ihren Besitzern zurückzugeben, und in der Regel erholte ich mich ziemlich schnell, doch die kleine Misty ging mir nicht mehr aus dem Kopf. Ich war überglücklich, als ihr Besitzer ein zweites Mal einen Platz für sie für einen zweiwöchigen Aufenthalt im April bei mir reservierte.

Das Wetter in diesen zwei Wochen war warm und sonnig, und wir machten fantastische Spaziergänge mit Misty, unserem eigenen Hund Layla und all den anderen Vierbeinern, die bei uns zu Besuch weilten. An den Abenden saß ich immer auf dem Wohnzimmerboden für das tägliche Gruppenkuscheln mit allen, und mein Mann hob oft eine Augenbraue, da Misty fast immer die Vorzugsposition auf meinem Schoß einnahm, je eine Pfote zu beiden Seiten meines Halses, während ich ihr glänzendes schwarzes Fell mit Küssen bedeckte. Als der gefürchtete Tag des Abschieds kam, saß ich an jenem schönen sonnigen Nachmittag auf einer Bank im Garten und wartete auf ihren Besitzer. Misty-Moo lag auf meinem Schoß, den Kopf eng an meinen Hals gekuschelt, und schnarchte leise. Ihr schwarzes Fell war warm von der Sonne. Viel zu früh kam ihr Besitzer, und Misty sprang von meinem Schoß und konnte es kaum erwarten, wieder mit ihrem Herrchen zusammen zu sein. Ich beobachtete ihre Wiedervereinigung mit gemischten Gefühlen, glücklich, dass Misty glücklich war, und traurig, sie gehen zu sehen.

Manche Hunde sehen wir nur einmal im Jahr, doch bereits im Juli sollten wir Misty wiedersehen. Ich zählte die Tage, bis sie zu uns kam, und mein Herz machte einen Freudensprung, als ich sie die Auffahrt herauftrotten sah. Selbst Layla, das »Schwarze Biest von Dartmoor«, konnte ihre Freude beim Anblick ihrer Spielgefährtin nicht bremsen und kam näher, um aufmerksam Mistys Gesicht zu studieren, während sie ruhig dasaß und all die Verehrung gnädig über sich ergehen ließ.

Wie immer lebte sie sich wunderbar ein, verstand sich gut mit allen anderen Hunden, und es war klar, dass sich zwischen ihr und Layla eine starke Verbindung entwickelte. Bei

Spaziergängen jagte Layla oft in die Büsche den Eichhörnchen hinterher, und Misty folgte ihr auf den Fersen. Ihre kleinen Beine überschlugen sich schier bei dem Versuch, mit ihrer langbeinigen Freundin mitzuhalten, und Minuten später tauchten sie beide hechelnd und aufgeregt von der Jagd wieder auf.

Ich sorgte dafür, dass ich immer dann, wenn Misty-Moo abgeholt wurde, nicht zu Hause war. Ich weinte, als wir uns an diesem Morgen verabschiedeten, und war mir sicher, dass es lange dauern würde, bis wir uns wiedersehen würden. Ich drückte sie eng an mich und sagte ihr, wie sehr ich sie liebe, während sie mir die Tränen von der Wange leckte. Mein Mann rief mich an, um mir zu sagen, dass sie abgeholt worden war. Mein Herz brach ein wenig, als ich mich fragte, ob ich sie wohl je wiedersehen würde. Dann konnte ich kaum glauben, was ich da hörte, als mein Mann hinzufügte: »Misty muss vielleicht ein neues Zuhause finden. Ihr Besitzer hat mich gefragt, ob wir vielleicht jemanden kennen würden, der ihr ein gutes Zuhause geben könnte …«

Drei Wochen später, am Sonntag, dem 3. August, um 14 Uhr, kam Misty endgültig zu uns. Ihrem wunderbaren Besitzer brach fast das Herz, weil er sie weggeben musste, und die ganze Situation war unglaublich emotional. Heute ist es, als sei sie schon immer unsere Misty gewesen, und ich kann mir ein Leben ohne sie nicht mehr vorstellen. Träume werden tatsächlich wahr …

Ich glaube wirklich, dass Misty das Ausmaß der Liebe erkannte, die Tracey für sie empfand, und sobald sie verstanden hatte, was hier vor sich ging, beeinflusste sie ihren Besitzer dahingehend, ihr die Möglichkeit zu geben, Traceys Traum wahr zu machen.

TOBIE, DER LEBENSRETTER

Gemma hat viele Gründe, ihrem Hund Tobie zu danken:

Ich glaube, dass mein Hund Tobie Geistwesen sieht. Manchmal fangen nachts seine Nase und Ohren plötzlich zu zucken an, er geht hinaus auf die Veranda, setzt sich hin, knurrt und bellt die Luft an. Jedes Mal schaue ich draußen und überall im Haus nach, aber da ist nichts. Dann scheint er sich an etwas heranzupirschen, doch ich kann nichts sehen. Und einmal hat er uns das Leben gerettet. Eines Tages hatten wir irrtümlich das Gas in dem Laden, über dem unsere Wohnung liegt, brennen lassen, und Tobie hörte in jener Nacht nicht auf zu bellen. Als wir aufwachten, fanden wir ihn an der Tür kratzen, um in den Laden hinunterzugehen. Wir öffneten die Tür, ließen ihn in den Laden hinein, und er lief direkt zu dem Herd, aus dem das Gas austrat. Er sprang an dem Herd hoch und kratzte daran, und ich versuchte, ihn auszuschalten, doch Tobie ließ mich nicht nahe an den Herd herankommen. Er lief aufgeregt um mich herum und drängte mich von der Gefahr weg. Schließlich konnte ich ihn dazu überreden, mich an den Herd heranzulassen und das Gas abzudrehen, und erst dann beruhigte er sich. Wenn Tobie mich nicht gewarnt hätte, hätte ich im Schlaf an Kohlenmonoxidvergiftung sterben können oder vielleicht hätte ich eine Zigarette angezündet und das Haus wäre explodiert. Tobie kommt auch immer zu mir und lässt mich wissen, ob das Wasser in der Badewanne überfließt. Er ist wahrhaftig mein kleiner Stern.

8

Wilde Tiere

Ist der Fuchs ein kaltblütiger Killer?
Empfindet der Löwe Mitgefühl mit seiner Beute?
Sind Tiere unschuldig?

*Vor langer Zeit ... wusste der Mensch, dass die Natur nicht »wild«
und grausam, sondern ein gütiger Freund war. Dann, durch eine
Laune des Dogmas organisierter Religion, wurde es üblich, den
Menschen als den wunderbarsten und wichtigsten Teil der Schöpfung zu sehen und Natur als »gefallen« und sündig. Der Mensch
versucht, sich von der Natur zu trennen, zum Nachteil der ganzen
Schöpfung ...*

   *Tiere wissen, wann und wohin sie ziehen müssen, doch der Mensch
kann nicht ohne die Hilfe eines Kompasses oder der Sterne seinen
Weg finden. Tiere leben gut, ohne dass sie Werkzeuge oder Waffen
benötigen. Nicht so der Mensch. Tiere sind glücklich und zufrieden
in ihrer Umgebung. Nicht so der Mensch. Tiere leben ihr Leben
lang mit ihrer Familie. Nicht so der Mensch. Tiere haben den
richtigen Weg gefunden, ohne Streit und Unfrieden mit ihren Ein-
schränkungen und Fähigkeiten zu leben. Nicht so der Mensch.*

Grandfather Standing Bear Moore
(durch seinen Freund Takatoka)

Dieses Kapitel beginnt mit einer Frage: »Ist der Fuchs ein
kaltblütiger Killer?« Nun, auf eine Weise ist er es, da anders
als Menschen – die genau wissen, was sie tun, wenn sie ein
Tier oder eine andere Person verletzen und häufig aus Wut

Verbrechen begehen – ein Fuchs oder ein anderes Raubtier unfähig ist, sich in die Lage seiner Beute zu versetzen, und zudem nicht emotional handelt. Folglich könnte man sagen, dass sie, wenn es ums Töten geht, »kaltblütig« sind. Sie folgen einfach ihrem Überlebensinstinkt. Sie handeln nicht vorsätzlich und haben keine Vorstellung davon, dass ihre Handlungen bei dem anderen Wesen vielleicht Schmerzen und Leiden verursachen. Daher sollte die Frage vielleicht eher lauten: »Sind Füchse kaltblütige *Mörder*?« In diesem Fall lautet die Antwort Nein. Wenn ein Fuchs einen offenen Hühnerkäfig findet, handelt er nicht aus Mordlust. Eine bessere Analogie wäre die eines Kindes, das in einem Laden voller Süßigkeiten losgelassen und aufgefordert wird, sich zu bedienen. Wir können dem Fuchs nicht die Schuld geben, wenn er auf diesen Anreiz reagiert. Wir Menschen sind es, die Füchse, Hasen und Rehe zu unserem Vergnügen jagen und töten. Wir sind es, die andere Menschen im Zorn oder Hass töten. Der Mensch ist das einzige Tier, das des Mordes fähig ist. Ich habe oft gesagt, dass Tiere in vielerlei Hinsicht wesentlich spiritueller sind als wir. Diese Behauptung stützt sich auf diverse Faktoren:

- Absicht – Tiere handeln nicht aus Bösartigkeit, so wie Menschen es tun. Das bedeutet, dass sie unschuldig sind in Bezug auf das, was wir als »barbarische« Akte von Grausamkeit oder »Verbrechen« in Bezug auf Angriff und Töten bezeichnen würden. Wenn sie töten, dann tun sie es, um zu überleben, und Emotionen spielen dabei keine Rolle. Selbst Tiere, die miteinander kämpfen, tun dies nicht, weil sie wütend sind, Gewalt ausüben wollen oder ihren Gegner hassen. Sie tun es instinktiv, für das Überleben der Spezies, um dafür zu sorgen, dass nur die stärksten unter ihnen sich paaren und fortpflanzen.

- Tiere kennen – anders als wir Menschen – keine Vorurteile. Ein Tier wird sich einem anderen Tier gegenüber nicht anders verhalten, weil sein Fell eine andere Farbe hat. Kein Tier würde ein anderes Tier angreifen, weil es ein geknicktes Ohr oder Narben hat, oder es hänseln und quälen, weil es als hässlich, fett oder dumm gilt.

- Menschen haben ein Problem damit, offen und entspannt genug zu sein, um himmlische oder spirituelle Mitteilungen zu empfangen. Tiere haben nicht das geringste Problem, in einen Zustand der Meditation zu gelangen oder zu schlafen, solange ihre physischen Bedürfnisse erfüllt sind; dagegen sind wir Menschen, weil wir nicht im Augenblick leben, immer zu sehr mit Gedanken und Ängsten über Vergangenheit und Zukunft beschäftigt und können nicht abschalten.

- Tiere erhalten ihre Verbindung zur Natur aufrecht und verstärken ihre Intuition und Instinkte, während die menschliche Rasse im Allgemeinen ihre Intuition und Instinkte unterdrückt.

Beim Tsunami im Jahr 2004 kamen tragischerweise 220 000 Menschen ums Leben, nicht zuletzt weil sie keinerlei Warnung erhielten. Es gab sogar Leute am Strand, die auf das Meer hinausschauten, als die Wellen sich sammelten, um sie alle fortzuspülen. Es kamen fast keine Tiere ums Leben, lediglich zwei Todesfälle wurden bekannt. Zwei zahme Elefanten rissen sich von ihren Fußketten los und flüchteten auf eine höher gelegene Stelle, sehr zur Überraschung ihrer Wärter, die keine Ahnung hatten, warum die Tiere sich so ungewöhnlich verhielten. Berücksichtigt man darüber hinaus die Tatsache, dass dies eine Stunde vorher passierte –

bevor der Tsunami die Küste überrollte –, ist das Argument widerlegt, dass die Tiere irgendwie die herannahende Welle gehört haben. Manche Menschen überlebten, weil sie ihren Hunden hinterherrannten, die aus der gefährdeten Gegend flüchteten. Die Riesenwelle ergoss sich zwei Meilen weit ins Land und zerstörte unter anderem ein Wildtiergehege, und dennoch wurde keine einzige Tierleiche gefunden – es scheint, als wären sie alle der Flut entkommen. Das zeigt uns, dass Tiere stärker mit der Natur verbunden sind als wir, weil sie ihre natürlichen Fähigkeiten nicht wie wir zugunsten der Technologie aufgegeben haben, von der wir heute abhängig sind.

Tiere hegen keinen Groll und vergeben sofort jenen, die sie lieben. Sie tragen nicht die Schuldgefühle mit sich herum, an denen wir festhalten und die unsere Spiritualität von innen heraus zerstören können. Wenn sie lieben, lieben sie wahrhaft bedingungslos, ohne Rücksicht auf Geschlecht, sexuelle Orientierung, Alter, Größe, Form oder Farbe.

Vor Kurzem sah ich eine TV-Doku über ein Nilpferdjunges (eine Gattung, die als die gefährlichste der Welt gilt), das als Waise adoptiert wurde und im Haus und Garten seiner Adoptiveltern aufwächst. Es verträgt sich gut mit den Hunden im Haus und streichelt und leckt sogar die kleinen Welpen, die es ohne Weiteres sekundenschnell zerquetschen und verschlingen könnte. Es schwimmt mit seinen menschlichen »Eltern« und schläft nachts auf einer Decke, um in ihrer Nähe zu sein. Die Liebe, die dieses Tier für die Menschen hegt, die es versorgen, steht außer Frage.

Also frage ich Sie, von welcher Spezies kann behauptet werden, die bessere Energie zu haben und Gott näher zu sein – wir oder die Tiere?

9

Misshandlung von Tieren

Ist es falsch, Tiere als etwas zu betrachten,
das ausschließlich dem Konsum und der Kurzweil
des Menschen dient? Schadet die rücksichtslose
Aufzucht von Tieren der Seele der Menschen,
die dafür verantwortlich sind?

Vor langer Zeit wurden Menschen geschaffen, damit sie sich um den Garten kümmern – Mutter Erde. Für sie waren alle Aspekte der Schöpfung heilig. Die Menschen respektierten die Natur und wussten, dass sie nur ein kleiner Teil des großen Kreislaufs des Lebens waren. Die Menschen wussten, dass jeder Teil der Schöpfung eine bedeutende Rolle bei der Zufriedenheit und dem Überleben aller anderen Teile spielte. Sie akzeptierten die göttliche Idee von der Gleichheit aller Dinge und dass kein Tier, einschließlich des Menschen, Herrschaft über die anderen Teile der Schöpfung innehatte.

Die Ureinwohner Amerikas, auch als die »Menschen des Landes« bekannt, besitzen seit jeher traditionell und historisch ein besonderes Wissen über das Land und seine Bewohner. Intime Kenntnis von der Welt, die den amerikanischen Indianer umgibt, wurde durch ein Glaubenssystem ermöglicht, das alle Aspekte der Schöpfung als gleichwertig und notwendig verstand, wert, respektiert und geehrt zu werden.

Grandfather Lee Standing Bear Moore
(durch seinen Freund Takatoka)

Was konnte eine solche Arroganz in den Menschen hervorrufen, dass wir zu glauben begannen, wir könnten Tiere so behandeln, wie es uns gerade einfiel, ohne Rücksicht auf ihre Empfindungen oder ihre Wahrnehmungen, und dass unser Handeln sich nicht negativ auf uns und unsere Seelen auswirken würde?

Grandfather Lee Standing Bear Moore sagt weiter dazu:

Für amerikanische Indianer wohnt allen Dingen der Schöpfung spirituelle Energie inne. Alle Dinge sind miteinander verbunden und wert, dass wir sie respektieren und ihnen Achtung erweisen. Unser Anliegen ist es, innerhalb des komplexen Gewebes des Lebens, der »Große Kreis des Lebens« genannt, Gleichgewicht und Harmonie zu finden. Während wir uns in diesem Kreis bewegen, heben wir diese Wahrheiten hervor:

Alles auf der Erde lebt. Alles auf der Erde hat einen Sinn und Zweck. Alles auf der Erde ist miteinander verbunden. Alles auf der Erde muss angenommen werden.

Ein wichtiger Grundsatz unseres Glaubenssystems besagt, dass alle Dinge miteinander verbunden sind und dass wir mit allen Dingen im Großen Kreis des Lebens in Beziehung stehen.

Das ist etwas, was die menschliche Rasse im Allgemeinen vergessen hat. Die amerikanischen Indianer töten auch heute noch zu Speisezwecken, aber sie tun es mit Respekt und Dankbarkeit gegenüber dem Opfer des Tieres.

Vor Kurzem musste ich eine Fernsehshow abschalten, zeigte sie doch Berühmtheiten, die sich mit »Spielen« abgaben, die zum Zwecke der Unterhaltung den zweifelhaften Gebrauch von Köpfen und Augen toter Tiere beinhalteten. Ich fürchte, dass die Menschheit sich durch derartige respektlose Geschmacklosigkeit immer näher an den Rand der Selbstzerstörung bringt. Ich empfinde großes Mitgefühl mit allen, die in Massentierhaltungsbetrieben arbeiten oder in schlecht geführten und unbarmherzigen Schlacht-höfen und Laboratorien, denn ich glaube, dass diese Menschen aufgrund dieser Tätigkeit die Energie und Entwicklung ihrer Seele massiv beeinträchtigen. Besonders leid tun mir Menschen, die gegen ihre Prinzipien zu dieser Art von Arbeit gezwungen sind, aus reiner Verzweiflung, den Lebensunterhalt für ihre Familien zu bestreiten.

Die britische Regierung hat vor Kurzem die Installation von Überwachungskameras in allen Schlachthöfen gefordert, um eine gute Behandlung der Tiere sicherzustellen. Ich finde, das ist eine sehr gute Idee sowohl für die Tiere als auch für die dort arbeitenden Menschen. Einer der Gründe, warum Tiere mit Menschen auf diesem Planeten zusammengebracht wurden, besteht darin, dass Menschen den Seelen der Tiere helfen sollen, sich auf ihre letztendliche Herausforderung vorzubereiten: sich irgendwann in einem menschlichen Körper und Geist wiederzufinden und ihre spirituelle Integrität zu bewahren. Damit dies geschehen kann, muss die Seele eines Tieres ermutigt werden, frei von Angst zu sein. Wir sind vom Universum mit dieser Aufgabe betraut worden. Dieses Vertrauen zu missbrauchen und das genaue Gegenteil von dem zu tun, was wir eigentlich tun sollen, indem wir Schmerz, Angst und Schrecken bei den Tieren hervorrufen – vor allem Schmerz, den wir Menschen ihnen zufügen –, fordert eine karmische Antwort heraus, die wir vielleicht alle eines Tages bereuen werden.

Ich selbst habe erlebt, wie sich die Energie eines Schlachthofs über die ganze Gegend verbreiten kann. Als wir vor Jahren nach Somerset zogen, schien das Dorf, in dem wir wohnten, einladend und die Bevölkerung dort freundlich zu sein. Daher konnten wir nicht verstehen, warum der ganze Ort energetisch immer dunkler wurde, so kam es uns jedenfalls vor. Mit dem Ausbruch der Maul- und Klauenseuche verschlimmerte sich die Situation sehr schnell, was nicht zuletzt auf das Abschlachten Hunderter Schafe im Dorf und in der Umgebung zurückzuführen war. Schließlich mussten wir um unseres Seelenfriedens willen woanders hinziehen. Und erst dann erfuhren wir, dass sich ein paar Kilometer hinter unserem Dorf, am Ende einer versteckten Seitenstraße, ein Schlachthof befand. Das erklärte alles. Wenn Sie sich also nach einem neuen Wohnort umsehen, machen Sie nicht unseren Fehler, sondern prüfen Sie die Umgebung und die dort angesiedelten Unternehmen gründlich.

Lange Zeit nahm man an, dass Tiere weder Gefühle noch Emotionen hatten, und besonders die Vorstellung, dass ein Tier um den Verlust eines anderen trauern könnte, wurde belacht. An früherer Stelle in diesem Buch habe ich bereits die Geschichte der Katze wiedergegeben, die mit einer Art Wiederbelebungsversuchen, ihren Gefährten ins Leben zurückholen wollte. Doch für die eher wissenschaftlich gesinnten Leser lassen sich weitere Beispiele für dieses Verhalten finden.

Kürzlich wurde eine wissenschaftliche Studie über das Verhalten drei gefangener Schimpansen, Blossom, Rosie und Chippy, veröffentlicht. Sie hatten einen vierten Gefährten, Pansy, der jedoch im Laufe der Beobachtungen erkrankte und starb. Den Schimpansen wurde erlaubt, bei Pansy zu sein, als sie starb. Ihr Verhalten unmittelbar nach ihrem Tod reichte von Versuchen, ihre Arme und Beine zu bewegen, über die genaue Untersuchung ihres Mauls bis hin zu einer regelrechten »Attacke« des Männchens, Chippy, auf eine Weise, die die Beobachter sehr an einen Wiederbelebungsversuch erinnerte, vielleicht eine Art von Mund-zu-Mund-Beatmung. Rosie war Pansys Tochter, und sie saß die ganze Nacht neben dem Körper ihrer Mutter, während Blossom versuchte, Chippy zu trösten, indem sie ihm stundenlang das Fell kraulte und ihn knuddelte. Dann sahen sie zu, wie Pansys Körper weggebracht und ihr Schlafbereich gesäubert und desinfiziert wurde. In den folgenden fünf Nächten betrat keiner der Schimpansen den Schlafbereich, und sie alle schliefen draußen im Tagesbereich. Vor Pansys Tod war das nie vorgekommen. Den vollständigen Bericht finden Sie auf der Website www.cell.com/current-biology/home.

Dies ist nur eines der vielen Beispiele von Affen, die klassische Trauersymptome gezeigt haben. Falls Sie mehr über dieses Thema wissen wollen, gehen Sie einfach ins Internet und suchen Sie nach »Trauer bei Schimpansen«. Sie werden nicht nur schriftliche Berichte über dieses Verhalten finden, sondern auch Fotos und Videos.

Wie die meisten Menschen, die Haustiere haben, blieb es mir nicht erspart, das eine oder andere Tier auf humane Art einschläfern zu lassen. Die Reaktionen meiner Hunde waren dabei sehr interessant. In den frühen Jahren, als ich es noch nicht besser wusste und ein Haustier ohne die Anwesenheit der anderen Tiere eingeschläfert und sein Körper beseitigt wurde, kam es gelegentlich vor, dass die anderen Hunde Wochen brauchten, um über den Verlust hinwegzukommen: Ständig hielten sie nach ihrem vermissten Freund Ausschau und lagen auf seinem Bett oder neben seinem Spielzeug, so als würden sie versuchen, ihm nahe zu sein. Inzwischen erlaube ich den anderen Hunden, bei ihrem sterbenden Freund zu sein. Ich habe festgestellt, dass sie dann ganz anders reagieren. Sie sehen still und mit offensichtlichem Kummer zu, und nachdem sie den toten Körper behutsam beschnüffelt haben, gehen sie weg und zeigen keine weiteren Anzeichen dafür, dass sie den toten Hund vermissen.

Ich habe den Eindruck, dass diese Reaktion zwei Dinge deutlich macht: Zum einen können die Hunde die Situation verstehen oder vielleicht sogar sehen, wie die Seele ihres Gefährten den Körper verlässt, und verlieren daher das Interesse an den physischen Überresten. Und zum anderen verstehen sie, dass ihr Gefährte nicht verloren und für immer verschwunden, sondern an einen Ort gegangen ist, an den sie eines Tages auch hingehen werden.

Es freut mich sehr, einen Zeitungsartikel gefunden zu haben – während ich an diesem Kapitel schreibe –, in dem es heißt, dass Spanien begonnen hat, Stierkämpfe zu verbieten. Die Region Katalonien hat den Ball ins Rollen gebracht, und ich hoffe, dass der Rest des Landes diesem Beispiel folgt. Ebenso wie das Verbot der Fuchsjagd mit Hunden in Großbritannien seine Befürworter und Gegner hat, gehen die Meinungen in Spanien über das bald landesweite Stierkampfverbot auseinander. Meiner Ansicht nach müssen diese beiden Dinge und einige andere wie zum Beispiel Hunde- und Hahnenkämpfe sowie Bärenhetzen ein für alle Mal der Vergangenheit angehören, sowohl zum Wohl der Tiere als auch zum Wohl der menschlichen Seelen, die daran teilnehmen. Tiere sind nicht hier, um sich über sie lustig zu machen, um sie bis zur Auslöschung zu jagen oder um sie zu Speisezwecken massenweise unter haarsträubenden Bedingungen zu töten.

Die menschliche Rasse steht bereits kurz vor einem totalen Krieg mit der Natur, einem Krieg, den wir mit Sicherheit verlieren werden – es sei denn, wir beginnen, innezuhalten und uns zurückzunehmen. Als Erstes müssen wir anfangen, die Tiere, die diesen Planeten mit uns teilen, mit demselben Respekt zu behandeln, mit dem wir behandelt werden möchten.

10

Zeitreisen mit Ihrem Haustier

Wie Sie das Drehbuch Ihres Haustieres neu
schreiben können, um seine Krankheiten und
scheinbaren Verhaltensprobleme zu heilen,
die durch die Energie früherer Leben
und gegenwärtige Lebenstraumata
hervorgerufen wurden.

*Sich mit dem Unterbewusstsein eines Tieres zu verbinden ist besser
als eine Gedankenverschmelzung – und wer weiß, welche Wunder
sich dann spontan ereignen können?*

Jenny Smedley

Sosehr ein Leben mit einem geliebten Tier von Inspiration
und Liebe erfüllt sein kann, scheinen manche Dinge trotz
der besten Absichten fatalerweise schiefzulaufen. Tiere werden krank und entwickeln Verhaltensstörungen, die teure
und zeitraubende Besuche beim Tierarzt erfordern. Warum ist das so?

Viele Tierkommunikatoren, zu denen auch ich gehöre,
glauben, dass diese Probleme häufig ihre Ursache in früheren Leben haben.

Ich erwähnte bereits, dass manche Haustiere schon früher bei uns gewesen sind, was durch eine Vielzahl entspre-
chender Berichte bestätigt wurde. Außerdem glauben viele

von uns, dass Ihr Tier, wenn es auf geistiger Ebene mit Ihnen verbunden ist, physische Symptome manifestieren kann in dem Versuch, Ihre Aufmerksamkeit auf ein Problem zu richten, dessen Wurzeln tief in Ihrer eigenen Seele liegen. Tatsächlich würde ich sogar so weit gehen und behaupten, dass ein Tier bewusst beschließen kann, sich zu inkarnieren, um bei Ihnen zu sein und Ihnen ein solches Problem bewusst zu machen. Sobald Sie diese Voraussetzung akzeptiert haben, können Sie damit beginnen, »das Drehbuch« mit Ihrem Tier »neu zu schreiben«.

Doch wie funktioniert das, und wie können Sie dies zur Problemlösung nutzen? Zunächst einmal können Sie versuchen, die Schwierigkeiten Ihres Tieres mit jeglichen offensichtlichen oder verborgenen Problemen zu vergleichen, die Sie vielleicht selbst haben.

 Wenn Ihr Haustier zum Beispiel ein gesundheitliches Problem hat, untersuchen Sie, welche Wirkung oder Wechselbeziehung zwischen Ihnen und dem problematischen Bereich bestehen könnte. Hier sind ein paar Beispiele:

- **Unterleibs- und Verdauungsprobleme** bei Ihrem Haustier können bedeuten, dass Sie Ihre Emotionen unterdrücken. Probleme aus früheren Inkarnationen, die Sie blockieren, sind etwas, vor dem Sie sich verschlossen haben. Sie müssen diese Themen genau untersuchen und sich ihnen stellen, um weitergehen zu können.

- **Zahnprobleme**, die bei Ihrem Haustier auftauchen, können ein Zeichen sein, dass Sie die Vergangenheit entschieden hinter sich lassen müssen, indem Sie sie heilen und einen Neuanfang machen. So wie alle Tiere verlieren auch wir unsere Milchzähne zum Teil aus dem Grund, weil wir erwachsen werden. Sich an diesen Zähnen zu klammern würde Zahnprobleme verursachen, und daher ist ihr Verlust symbolischer Natur.

- **Probleme mit den Hinterbeinen** und hartnäckige, häufig nicht diagnostizierte Lahmheit bei einem Haustier können ein Zeichen sein, dass Sie in einem früheren Leben das Gefühl hatten, ohne Unterstützung dazustehen; dieses Gefühl ist nun in Ihr gegenwärtiges Leben übergegangen, was vielleicht mit einem misstrauischen Wesen und Problemen mit Vertrauen einhergeht, die – wenn sie ungelöst bleiben – dazu führen, dass Sie einsam und voller Angst sind.

- **Lahmheit der Vorderbeine** bei Ihrem Tier bedeutet, dass es Ihnen schwerfällt, andere um Hilfe zu bitten. Dieses überentwickelte Bedürfnis nach Unabhängigkeit kann dazu führen, dass Sie Menschen wegstoßen. Vielleicht glauben Sie, dass Ihre Freunde Sie in der Stunde der Not allein lassen, während in Wahrheit Sie es sind, der unbewusst Grenzen aufbaut, die andere fühlen können.

- **Rückenprobleme** können bedeuten, dass Sie sich von Ihren täglichen Belastungen überwältigt fühlen und es Ihnen schwerfällt, Verantwortung zu übernehmen. Dies kann zu Süchten führen oder zur Abhängigkeit von anderen ungesunden Krücken.

- **Blutkrankheiten** können darauf hinweisen, dass Sie in einem vergangenen Leben emotional ausgelaugt waren und jetzt Schwierigkeiten haben, sich hingebungsvoll anderen Menschen und Aufgaben zu widmen. Die Folge davon kann sein, dass Sie schließlich feststellen, dass Sie ein unerfülltes Leben geführt haben, weil Sie, solange Sie in diesem Zustand verweilen, wohl kaum Ihren Masterplan erfüllen können – die Dinge zu tun, weswegen Sie hierhergekommen sind.

- **Knochenkrankheiten und Arthritis** können darauf hinweisen, dass Sie in vergangenen Leben familiäre Probleme hatten. Wenn Ihre Familie in der Vergangenheit gestört war, fehlt Ihnen heute vielleicht das Zugehörigkeitsgefühl, das Sie in diesem Leben haben sollten.

- **Erkrankungen des Gehirns** zeigen unter Umständen an, dass man Ihnen in einer vergangenen Inkarnation nicht zugehört oder Sie nicht beachtet hat. Vielleicht versuchten Sie, jemandem einen guten Rat zu geben, und die betreffende Person weigerte sich, Ihnen zuzuhören. Erkrankungen des Gehirns können außerdem darauf hinweisen, dass Sie aufgrund dieses Problems Ihren eigenen Ideen und Vorstellungen nicht vertrauen und dass Sie Ihre Intelligenz offen zeigen sollten.

- **Brusttumore** bei Ihrem Haustier können bedeuten, dass Sie in vergangenen Leben nicht genährt wurden, eventuell von der Mutter. In diesem Leben müssen Sie sich selbst verwöhnen und darauf vertrauen, dass Ihr Partner Sie liebt – dass Sie es wert sind, geliebt zu werden.

- **Herzbeschwerden** bei Ihrem Haustier können darauf hinweisen, dass Sie in der Vergangenheit mit entsetzlichen Situationen konfrontiert wurden und entweder unbewusst glauben, es versäumt zu haben, sich ihnen angemessen zu stellen, oder ein erhöhtes Gespür für Gefahren haben, was viele Probleme zur Folge haben kann, wie zum Beispiel Zwangsstörungen oder Phobien.

- **Ohrprobleme** können bedeuten, dass Sie dazu neigen, entweder nicht auf geistige und/oder menschliche Freunde zu hören oder zu sehr auf Gerüchte und Klatsch hören und dadurch unsicher werden und Ihren Freunden und Partnern unnötigerweise misstrauen.

- Wenn Ihr Haustier ständig **Augenprobleme** hat, versucht es vielleicht, Ihre Aufmerksamkeit auf die Tatsache zu lenken, dass Sie tiefer in Ihr eigenes Innere schauen und verstehen müssen, warum Sie in vergangenen Leben so gehandelt haben, wie Sie es taten. Oft sind Augenprobleme mit Schuldgefühlen als Folge dieser Handlungen verbunden.

- Wenn Ihr Tiergefährte **Probleme mit den Pfoten** hat, sollten Sie vielleicht fester auf Ihren eigenen Füßen stehen und nicht in Zügellosigkeit wegtreiben. Wenn nicht heute, haben Sie sich vielleicht in vergangenen Inkarnationen so verhalten. Die Folge davon kann sein, dass Sie in diesem Leben entweder den Bezug zur Wirklichkeit verlieren oder so fest verwurzelt sind, dass Sie jegliche Verbindung zu Ihrer spirituellen Seite verloren haben.

- **Maulprobleme** deuten auf die Notwendigkeit hin, seine Meinung zu äußern, entweder jetzt als Folge eines Ereignisses in einem früheren Leben oder in der jüngeren Vergangenheit. Es kann darüber hinaus die Notwendigkeit anzeigen, zu verstehen, wie mächtig Worte sind, vor allem strenge Worte, und wie das Leben einer anderen

Person durch Ihre Wortwahl im positiven oder negativen Sinne verändert werden kann.

- Wenn Ihr Haustier **Probleme mit den Zehennägeln oder Krallen** hat, kann dies bedeuten, dass Sie übermäßig defensiv sind. Vielleicht wollen Sie sich auf diese Weise vor Personen schützen, die Ihr Unterbewusstsein aus einem früheren Leben wiedererkennt, während Sie ihnen in diesem Leben vergeben und ihnen eine neue Chance geben sollten.

- **Hautkrankheiten** können bedeuten, dass Sie es nicht wagen, wirklich zu leben, dass Ereignisse aus vergangenen Leben Sie derart verfolgen, dass Sie aus Angst, verletzt zu werden, Ihr wahres Selbst nicht zeigen.

DAS PROBLEM LÖSEN

Sobald Sie diese Möglichkeiten in Betracht gezogen haben, ist die Zeit gekommen, Ihrem Haustier und gleichzeitig sich selbst zu helfen! Sie müssen zu dem betreffenden Ereignis in einem früheren Leben zurückgehen, das Ihre Probleme verursacht und Ihrem Haustier die Aufgabe auferlegt hat, dies Ihnen nahezulegen. Das Entscheidende bei dieser Art von Rückführung – egal ob Sie sie allein in einer Meditationssitzung oder mit einem Therapeuten vornehmen, der Sie in die Hypnose führt: Das betreffende Tier muss in jedem Fall dabei sein.

Es gibt diverse Tierkommunikatoren, die Ihnen helfen können, auch bei großen Tieren wie etwa Pferden. Dabei ist die führende Expertin in Großbritannien, wenn es um das Neuschreiben des Drehbuchs mit Ihrem Haustier geht, Madeleine Walker.

Natürlich ist Meditation eine der einfachsten Möglichkeiten, sich an vergangene Inkarnationen zu erinnern. Sollten Sie diesbezüglich noch unerfahren sein, ist es eine gute Idee, zunächst an einem Kurs teilzunehmen. Viele buddhistische Zentren ebenso wie Selbsthilfezentren bieten Kurse an. Sobald Sie genug Meditationserfahrung gesammelt haben, wird das auch Ihrem Haustier guttun. Ihre ruhige Energie wird es erreichen, und es wird problemlos in der Lage sein, Ihnen in die Vergangenheit zu folgen – in manchen Fällen wird es Sie sogar dahin führen. Ich habe festgestellt, dass es für mich und meine Klienten am besten ist, uns vorzustellen, viele Treppen hinabzusteigen. Unten angekommen, müssen Sie mehrere Türen sehen und diejenige wählen, die Ihnen als die richtige erscheint. Falls Sie sich nicht entscheiden können, bitten Sie Ihren Tiergefährten, an Ihrer Stelle zu wählen, indem er Ihnen – vor Ihrem inneren Auge – zeigt, welche Tür Sie öffnen sollen.

Danach entwickeln sich die Dinge in der Regel sehr schnell. Es spielt keine Rolle, ob Ihr Haustier die Verbindung mit Ihnen aufnimmt und Ihnen die Vergangenheit zeigt oder ob Sie sich selbst daran erinnern. Wichtig ist nur, dass Ihnen Ihr Weg zu Ihren gegenwärtigen Problemen gezeigt wird. Sobald dies geschieht, können Sie die Probleme lösen, indem Sie das Drehbuch einfach betrachten und mit einem anderen Ergebnis umschreiben. Wenn Sie zum Beispiel unter Höhenangst leiden und Ihr Haustier versucht hat, Sie darauf aufmerksam zu machen, indem es Herzbeschwerden bekommen hat, werden Sie vielleicht feststellen, dass Sie und Ihr kleiner Liebling von einer Klippe herabgestürzt oder gesprungen sind, um Feinden zu entkommen. In diesem Fall könnten Sie das Drehbuch umschreiben, indem Sie sich einen anderen Ausgang mit einer anderen Fluchtmöglichkeit ausdenken. Ihre Imagination (Ihr höheres Selbst) wird nur zu gerne mannigfaltige Szenarien entwickeln, wenn Sie ihr die Gelegenheit dazu geben.

Vergessen Sie dabei nicht, dass es vielleicht zu spät ist, um Ihr Haustier zu retten, falls seine Krankheit unheilbar ist, doch im Gesamtzusammenhang wird es ihm nichts ausmachen, weil es nämlich *das* erreicht hat, was zu erreichen es hierhergekommen ist. Seien Sie nicht zu verzweifelt oder geplagt von Schuldgefühlen, denn auf einer höheren Ebene machen Sie gemeinsam diese Erfahrung und werden irgendwann auf der anderen Seite wieder vereint sein.

Wenn Ihnen allmählich klar wird, welche großen Anstrengungen unsere Haustiere zu unternehmen bereit sind, um uns – ihren oft »ahnungslosen« Besitzern – zu helfen, werden Sie zu der Erkenntnis gelangen, wie lächerlich die Aussage ist, Tiere hätten keine Seele. In vielerlei Hinsicht sind Tiere unsere wahren spirituellen Lehrer.

DEN GRABEN ÜBERWINDEN

Hier ist ein herzergreifendes Beispiel für die Zeitreise mit einem Haustier und die Resultate, die erzielt werden können, selbst wenn die Schulmedizin keine Ursache oder ein Heilmittel finden kann. Die folgende Geschichte hat June mir geschickt:

Ich wusste, dass ich mir mein früheres Leben mit meiner Katze Jessie anschauen musste, weil sie ohne Ausnahme jedes Jahr zu Weihnachten krank wurde. Ich weiß, was Sie denken – dass besondere Leckereien, die ich ihr gab, das Problem verursacht haben müssen –, doch dem war nicht so. Jessie wurde jedes Mal sehr krank und musste sich so oft übergeben, dass ich fürchtete, sie würde sterben, und einmal machte ich mir solche Sorgen um sie, dass ich mich allein mit ihr über die Feiertage in ein Haus auf dem Land zurückzog, und wenn es sich auch total verrückt anhört, in jenem Jahr haben wir Weihnachten einfach ignoriert. Trotzdem war ihr am ersten Weihnachtstag elend zumute. Irgendwann ging es ihr ein wenig besser, und sie schlief mehrere Stunden, ohne sich zu bewegen. Ich weiß nicht mehr, wie oft ich den Notdienst für Tiere angerufen habe, was mich eine Stange Geld gekostet hat, doch alles vergeblich: Die Tierärzte konnten nie etwas feststellen – keine Fellhaare, keine Fischgräten, keine Infektionen, keine Parasiten – nichts!

Als ich den Rat befolgte und mit Jessie zusammensaß, um zu sehen, ob ich herausfinden könnte, was los war, sah ich uns plötzlich zusammen in einem anderen Leben. Es war im 16. Jahrhundert. Jessie zeigte mir, dass sie damals ein sandfarbener Mischlingshund namens Charlie war, der beste Freund eines Jungen mit Namen Nicholas (ich!). Irgendwie leuchtete mir das ein, da Jessie immer erstaunlich gut mit Hunden jedweder Art ausgekommen ist und nie von ihnen gejagt wurde. Wie auch immer, es war zur Zeit der Großen Pest, und in London, wo wir lebten, war es ganz besonders schlimm. Die Menschen wurden in ihren Häusern eingeschlossen und dem Tod preisgegeben, wenn man glaubte, sie wären infiziert. Das Hauptsymptom war unkontrollierbares Erbrechen. Auch meine Familie blieb nicht verschont. An einem 25. Dezember wurde sie von der Pest heimgesucht, und die Männer kamen, um unsere Tür mit Brettern zuzunageln, damit wir die Krankheit nicht verbreiten konnten. Ich war entsetzt, dass mein Hund Charlie zusammen mit uns sterben sollte. Ich wusste nicht, ob Hunde die Pest bekommen konnten oder nicht, doch war mir klar, dass er sterben würde, wenn er mit uns eingeschlossen war. Also schmuggelte ich ihn in Lumpen eingewickelt im letzten Augenblick hinaus, was auch hieß, dass er von jetzt an auf sich gestellt war. Ich dachte, er würde woanders hingehen und ein neues Zuhause finden, doch das war ein großer Fehler. Er saß einfach draußen und schrie und heulte. Seine Verzweiflung mitanhören zu müssen war schlimmer, als zu sterben. Schließlich war meine ganze Familie tot, außer mir. Und als ich drei Wochen später, als man mich endlich freigelassen hatte, ins helle Tageslicht stolperte, erblickte ich als Erstes den jämmerlichen kleinen Körper des armen Charlie, der auf den Eingangsstufen lag. Die Leute sagten mir, dass er sich kein einziges Mal von diesem Fleck entfernt hatte. Einige freundliche Seelen erzählten mir, dass sie versucht hätten, ihn zu füttern, doch der arme kleine Kerl knurrte nur, sobald sie sich ihm näherten. Vermutlich glaubte er, mich verteidigen zu müssen. Als er irgendwann zu geschwächt war, um mich weiterhin zu »beschützen«, war es für eine Rettung zu spät. Und heute war meine Jessie krank, weil sie versuchte, mich an unsere gemeinsame Vergangenheit zu erinnern und an die Tatsache, dass sie Heilung erforderte.

Mir wurde gezeigt, wie ich diese traurige Geschichte umschreiben und damit die Vergangenheit verändern konnte, ohne die Vergangenheit anderer Personen zu beeinflussen, denn ich wusste jetzt, dass Nicholas nie an der Pest erkrankt war. Ich setzte mich hin und kreierte in meinem Kopf ein »Video« des Tages, an dem die Tür zugenagelt wurde; nur dieses Mal entkam ich im letzten Moment und rannte mit Charlie fort, was bedeutete, dass wir beide nie getrennt waren.

Manch einer sagt vielleicht, dass es nur Einbildung ist. Doch bei Tieren funktionieren Placebos nicht, und von jenem Tag an war Jessie nie wieder krank, also überlasse ich es Ihnen, was Sie von dieser Geschichte halten!

Wenn Sie diese Heilmethode anwenden wollen, empfiehlt es sich, dies unter Aufsicht eines Experten zu tun, von denen einige auf meiner Website zu finden sind. Zuweilen kann es nämlich zu dramatischen physischen Resultaten kommen, die beunruhigend sein können, wenn man damit nicht vertraut ist.

Madeleine erzählte mir von einem Vorfall, als sie das Drehbuch eines großen Pferdes und seines Besitzers »umschrieb«. In einem entscheidenden Moment fielen sowohl das Pferd als auch sein Besitzer zu Boden, was zu ernsten Problemen hätte führen können, wenn Madeleine nicht dabei gewesen wäre, um den beiden zu helfen.

11

Richtig anfangen

Wenn Sie nicht sicher sind, wo Sie nach Ihrem
passenden tierischen Seelengefährten suchen sollen,
können Numerologie und andere Methoden Ihnen
helfen, den optimalen Anfang zu machen.

*Ein Leben ohne Tiere wäre wie eine Welt, die nur aus Wüste be-
steht: uninteressant und unerträglich.*

Jenny Smedley

Wenn Sie jemals in Ihrem Leben eine besondere Verbindung mit einem Haustier hatten, bin ich sicher, dass Sie
sich in die Geschichten in diesem Buch einfühlen und vielleicht in ihnen Trost finden können. Wenn Sie noch nie
diese besondere Verbindung erlebt haben – oder es vielleicht ein paarmal mit verschiedenen Tieren versucht haben, ohne dass Sie eins finden konnten, mit dem Sie eine
echte Verbindung hatten, sich dies aber von Herzen wünschen –, bin ich vielleicht in der Lage, Ihnen zu helfen.

Wenn Sie sich für ein Tier entscheiden, sollten Sie als
Erstes darauf achten, dass Sie zusammenpassen. Manche
Leute gehen davon aus, dass »Haustiere uns aussuchen«.
Nun, letzten Endes macht es keinen Unterschied, wer wen
aussucht – wichtig ist, alle Hebel in Bewegung zu setzen,
um die beiden Beteiligten zusammenzubringen. Eine der

Methoden, die nach meiner Erfahrung bei der Zusammen-
führung von Mensch und Tier sehr gut funktioniert, ist die
Numerologie. Es spielt keine Rolle, wer bei der »Besetzung«
die Regie führt – ein höheres Wesen, das Universum, das
Tier oder das zukünftige Herrchen/Frauchen – entschei-
dend ist, ein Werkzeug zu finden, das bei allen Beteiligten
angewandt werden kann.

Ich habe mich hier nur auf die »kleinen Tiere« konzent-
riert, weil jemand, der noch nie eine gelungene Tier/Besit-
zer-Beziehung hatte, gut beraten ist, mit einem kleinen und
einigermaßen kontrollierbaren Tier anzufangen; darüber
hinaus können Haustiere, deren Aufgabe es ist, bei uns zu
sein, den Körper wählen, der zur Erfüllung dieser Aufgabe
am besten geeignet ist.

Lassen Sie mich zunächst einmal die Kunst der Zahlen ein
wenig erklären. Die Numerologie wurde von Pythagoras
erfunden, und die meisten Wissenschaftler glauben, dass
der Kosmos auf Zahlen basiert und jede Botschaft in eine
universal verstandene Sprache übersetzt werden kann, wenn
Zahlen benutzt werden. Und wie funktioniert das?

Wenn Sie zum Beispiel am 29. geboren sind, addieren Sie
$2 + 9 = 11$, und dann $1 + 1 = 2$, was bedeutet, dass Ihre
Persönlichkeitszahl die 2 ist. Falls Ihr Geburtsdatum der
14. ist, dann addieren Sie $1 + 4 = 5$, und Ihre Persönlichkeitszahl wäre dann 5.

Als Nächstes müssen Sie wissen, was diese Zahl bedeutet, damit Sie ein Haustier wählen können, dessen Persönlichkeit zu der Ihren passt.

EINS

Ein sehr positiver Mensch, voller Selbstvertrauen mit einem ausgeprägten Abenteuersinn.

In diesem Fall brauchen Sie offensichtlich ein Tier, das lange Spaziergänge über Stock und Stein mag; anspruchsvolle Erfahrungen, die die Beweglichkeit des Hundes erfordern, würden Ihnen beiden zusagen. Seien Sie jedoch vorsichtig, falls Sie eine der aggressiveren Züchtungen haben möchten (wie beispielsweise einen Dobermann oder Rottweiler), da es dabei zu einem Kampf um die Position des »Rudelführers« kommen könnte. Andererseits würde Ihnen kaum ein Tier zusagen, das viel Zuwendung braucht, da Sie ziemlich unabhängig sind und ein Tier vorziehen würden, das genauso veranlagt ist. Meine erste Wahl für Sie wäre ein Springer Spaniel oder ein Border Collie, falls es Ihnen in erster Linie um die Agilität Ihres Hundes geht. Halten Sie sich von langhaarigen Züchtungen fern, da sie zu viel Pflege erfordern.

ZWEI

Wenn die Zwei Ihre Zahl ist, möchten Sie ein Tier haben, mit dem Sie reden und kuscheln können. Auch ein unartiges Haustier würde Ihnen nichts ausmachen, da Sie sehr locker und entspannt sind. Meine erste Wahl für Sie wäre eine Ragdoll-Katze. Auch ein Meerschweinchen oder Kaninchen würde sich gut eignen, doch müsste es ein passiver Vertreter dieser Spezies sein. Allerdings können Sie zuweilen ein wenig launisch sein und daher nicht immer in der Stimmung für Hunde, die viel Auslauf brauchen. Daher sollten Sie sich zum Beispiel keinen Border Collie anschaffen, dem es widerstrebt, aus welchem Grund auch immer

ignoriert zu werden beziehungsweise sich nicht genug aus-
toben zu können. Auch Fische sind nicht empfehlenswert,
da sie wesentlich mehr regelmäßige Aufmerksamkeit und
Fürsorge brauchen, als den meisten Menschen bewusst ist.

DREI

Aufgeweckt, intelligent und lebenslustig, wünschen Sie sich
ein Haustier, mit dem Sie in die Natur hinausgehen und
ein raues Spielchen genießen können. Mein erster Tipp
wäre ein Boxer. Andererseits können Leute mit der Drei
ein wenig unordentlich und unorganisiert sein, daher sollten Sie sich lieber kein feinfühliges Tier wie etwa eine Siam-
katze anschaffen. Nicht viele Menschen eignen sich wirklich zu Besitzern der verschmitzten, zuweilen mutwilligen
und manchmal schwer zu erziehenden Beagles, doch Sie
bieten die besten Voraussetzungen dafür.

VIER

Diese Menschen lieben Routine. Tatsächlich haben Jung-
frauen oft die Persönlichkeitszahl Vier. Außerdem sind sie
loyale Freunde. Und wenn sie sich erst einmal für eine
Sache entschieden haben, dann bleiben sie auch dabei, was
sie in vieler Hinsicht zu perfekten Besitzern von Haustieren
macht. Andererseits widerstrebt ihnen Unordnung, daher
wäre für sie ein anmutiger Hund, der nicht viel Pflege
braucht und keine Haare verliert, das Richtige, wie zum
Beispiel ein Pudel oder die Hauskatzenrasse Cornish Rex.
Sie sollten sich von Tieren fernhalten, die wahrscheinlich
viel Dreck ins Haus bringen, also kein Mini- oder Hängebauchschwein für sie!

FÜNF

Als Opportunist und jemand, der wahrscheinlich gelassen sein Schicksal akzeptiert, können Sie auch mit einem Haustier umgehen, das andere Menschen als ein wenig neurotisch empfinden würden. Draußen oder drinnen, Sie kommen mit fast allem gut zurecht, was Ihr Frohgefühl im Leben teilt. Sie würden einen Garten voll schnatternder Gänse ebenso wie einen scheuen Pekinesen genießen. Sie sind in der Lage, einen frenetischen Yorkshireterrier zu beruhigen oder einem stressgeplagten Papagei ein neues Zuhause zu bieten. Selbst energievolle Haustiere finden in Ihnen einen Seelengefährten, sodass Sie der ideale Tierbesitzer sind, der in einem Tierheim oder einer Tierschutzorganisation einem ungewünschten Tier sein Herz öffnen kann.

SECHS

Leute mit der Persönlichkeitszahl Sechs sind oft stolz auf ihr Zuhause und mögen daher nicht zu viel Schmutz und Unordnung, doch andererseits lieben sie es, Teil eines Rudels zu sein, und es behagt ihnen gar nicht, zu viel Zeit allein zu verbringen. Interessanterweise haben sie das Zeug zum guten Psychologen, da sie gern herausfinden, wie andere »ticken«. Aus diesen Gründen ist es unwahrscheinlich, dass sie nur ein Haustier haben, was bedeutet, dass sie nur dann wirklich Hunde haben können, wenn ihr Haus groß genug ist. Hätten sie jedoch einen genügend großen Garten, würden sie mit Freuden Hühner halten. Denn zum einen gefällt ihnen der praktische Aspekt der Fürsorge für ein Tier, das Nahrung produziert, und zum anderen können sie bei Hühnern ihre Lebensform, nämlich das Prinzip der Hackordnung, aus erster Hand erfahren.

SIEBEN

Äußerst fantasievoll, kreativ, anspruchsvoll und beschaulich, sind Leute mit der Sieben perfekte »Katzen-Menschen«. Sie mögen ein Haustier, das stundenlang still sitzt und mit ihnen kontempliert, das weder den reibungslosen Ablauf des Haushalts stört noch stundenlanges Spielen oder Trainieren zu ungelegenen Zeiten erfordert. Sie sollten sich nie eine »arbeitsintensive« Hundeart zulegen, es könnte sie aus dem Gleichgewicht bringen. Eine Burma-Katze wäre meine erste Wahl für sie. Entweder sie oder ein Tier, das nicht im Haus lebt und besucht werden kann und mit dem man – wenn erforderlich – still Gedanken teilt. Ein Schaf würde die friedfertige und beschauliche Energie ausstrahlen, die sie brauchen, um sich wohlzufühlen.

ACHT

Personen mit der Acht sind normalerweise geschickte Unternehmer und würden sich nichts wünschen, was sie von ihrer Tätigkeit ablenkt. Sie sind geborene Organisatoren und können gut mit komplizierten Haustieren umgehen, solange sie jederzeit stundenlang weg sein können und sich keine Sorgen machen müssen, rechtzeitig für irgendeine Art strikter Routine zurückkehren zu müssen. Ein Aquarium voller schöner, leuchtender Fische würde sehr gut zu ihnen passen. Es würde ihnen etwas geben, einfach dazusitzen und sie zu betrachten, während sie sich von ihren »imperialen« Pflichten erholen und ein Tier weder streicheln noch pflegen müssen. Zudem würden die Bedürfnisse von Fischen schnell Teil der Routine werden, die sie nie vernachlässigen würden.

NEUN

Wenn Sie eine Neun sind, haben Sie einen ausgeprägten Gerechtigkeitssinn und werden immer im wahrsten Sinne des Wortes dem »Underdog« helfen. Aus diesem Grund würden Sie kein reinrassiges, wertvolles, viel begehrtes Haustier haben wollen. Auf Sie wird immer der Unterlegene eines Wurfes die größte Anziehung ausüben. Sie urteilen nicht aufgrund der Erscheinung, und jedes alte, krummbeinige, komisch aussehende zurückgewiesene Tier wird Sie dazu bringen, es zu kosen und ihm helfen zu wollen. Sie müssen lediglich auf Ihre Energie achten, da Ihr Mitleid mit anderen Ihre Energie schwächen kann. Und wenn Sie nicht aufpassen, kann es passieren, dass Sie schließlich in der Hackordnung des Rudels ganz unten stehen, was bei einem energievollen Tier gefährlich sein kann. Andererseits könnten Sie sowie Ihr Haustier, falls seine Energie zu schwach ist, irgendwann eine Therapie benötigen! Also wählen Sie ein Tier, bei dem Sie sicher sein können, dass es Ihnen nicht Ihre Energie raubt, ein Tier, das im Gleichgewicht mit Ihnen ist. Werden Sie nicht einfach zum Opfer Ihres Mitgefühls mit jedem vernachlässigten Geschöpf.

Natürlich kann man einwenden, dass alle diese Überlegungen unnötig sind und das richtige Tier einfach seinen Weg zu Ihnen finden wird. Doch nicht jeder ist darin geübt, subtile Botschaften zu lesen und dezenten Wegweisern zu folgen, daher sind die obigen Tipps als Hilfe für alle gedacht, die eine präzisere Landkarte brauchen, oder denen es vielleicht helfen wird, wenn man ihnen einen wissenschaftlicheren Weg zeigt. Sicher, letzten Endes wird das richtige Tier irgendwann auftauchen; doch der Einsatz der Numerologie kann die Dinge beschleunigen und die Notwendigkeit beseitigen, Zeichen und Signale zu interpretieren – etwas, was eher linkshirnige Personen mit Sicherheit begrüßen würden.

Im weiteren Verlauf dieses Kapitels habe ich einige Ratschläge für rechtshirnig dominierte Menschen parat.

LOSLASSEN KÖNNEN

Ein Tier als Gefährten zu haben stellt die bereicherndste Erfahrung dar, doch Tatsache ist, dass die meisten Haustiere nicht so lange leben wie wir. Das heißt also, dass wir irgendwann unweigerlich Abschied nehmen müssen. Nach dem Erscheinen meines ersten Buches haben mir viele Menschen geschrieben, die ihre geliebten Tiere verloren hatten und einfach nicht wussten, wie sie mit dem Verlust fertigwerden sollten. Die meisten von ihnen litten unter Schuldgefühlen: Habe ich das Richtige getan? Hat sie gewusst, wie sehr ich sie geliebt habe? Hätte ich vielleicht irgendetwas anders machen sollen? Und so beende ich dieses Buch mit einigen hilfreichen Tipps, was Sie tun können, wenn Ihre Haustiere ihr Lebensende erreicht haben, damit Sie sich die beste Chance geben, sich von dieser traumatischen Zeit zu erholen.

Häufig ist der Moment des Verlustes eines geliebten Tieres etwas, mit dem wir uns vorab gedanklich beschäftigen können, da er in der Regel nicht plötzlich und unerwartet eintritt. Wir alle hoffen, dass unsere Tiere friedlich hinübergehen können, aber leider ist das nicht oft der Fall. Wir müssen also mit eventuellen Schuldgefühlen aufgrund unserer Entscheidung, sie gehen zu lassen, fertigwerden sowie mit der Trauer über unseren Verlust. Ein Aspekt, den Sie bedenken sollten, ist die Tatsache, dass Tiere, wenn sie alt oder krank werden, sich ihre Zeit – anders als Menschen – nicht angenehm mit Lesen, Plaudern oder Fernsehschauen vertreiben können. Wenn ein Hund nicht mehr rennen, schnüffeln und andere Dinge tun kann, die ein Hund gerne tut, ist seine Lebensqualität alles andere als gut. Wenn eine Katze nicht mehr in der Lage ist, sich zu waschen, sich zu putzen und zu jagen, dann ist sie keine Katze mehr. Wir sind es unseren Haustieren schuldig, ihnen die Demütigungen und Leiden, die mit tödlichen Erkrankungen einhergehen, zu ersparen.

Sollte jemand Ihre Gefühle der Trauer belächeln, ignorieren Sie das. Derjenige versteht einfach nicht, warum Sie sich so fühlen. Es ist sehr tragisch, ein Haustier zu verlieren. Eine Katze kann zum Beispiel 18 Jahre lang Ihr täglicher Gefährte sein. Das ist mehr Zeit, als viele Menschen mit ihrer Familie verbringen, daher ist die Trauer absolut real und der Verlust sehr traumatisch.

Wenn Sie mit diesem schmerzhaften Moment konfrontiert werden und falls Sterbehilfe im Spiel ist, versuchen Sie nach Möglichkeit, bei Ihrem Tier zu bleiben, während es in seinen letzten Schlaf versetzt wird. Falls Sie jedoch nicht imstande sind, Ihre Trauer und Ihren Schmerz zu kontrollieren, kann es liebevoller sein, eine andere Person, die Ihr Haustier kennt, zu bitten, bei ihm zu sein. Der Grund dafür ist, dass Tiere unsere Gefühle aufnehmen, und wenn wir weinen und verzweifelt sind, werden auch sie verängstigt sein, was wir unter allen Umständen vermeiden wollen. Ob Sie nun bei Ihrem Liebling sein können oder nicht, in jedem Fall ist es für Sie beide viel angenehmer, wenn der Tierarzt zu Ihnen nach Hause kommt, anstatt mit Ihrem Tier in die Praxis zu gehen.

Wenn es sich um ein kleines Tier handelt, wird ihm zuerst ein Sedativ verabreicht. Von diesem Augenblick an sollten Sie es im Arm halten und liebevoll zu ihm sprechen, nahe an seinem Ohr, und ihm versichern, dass es nichts zu fürchten gibt. Wenn Sie dazu fähig sind, werden Sie jegliche späteren Schuldgefühle vermeiden, denn Sie wissen, dass Sie wirklich alles Erdenkliche für Ihr Tier getan haben. Sobald es entspannt ist, wird der Arzt ihm die Injektion geben, die zum Herzstillstand führt. Das ist zwar nicht angenehm, aber dennoch eine ziemlich friedvolle Angelegenheit. Ihr Tier wird schnell aufhören zu atmen. Vielleicht wird es einige Male vergeblich versuchen, wieder zu atmen, doch das ist ganz normal. Zu diesem Zeitpunkt wird Ihr Tier keine Schmerzen oder Qualen mehr verspüren.

Wenn möglich, lassen Sie Ihr Haustier wenigstens in dieser Nacht noch bei sich zu Hause. Im Nachhinein werden Sie überrascht feststellen, um wie viel besser Sie sich fühlen, wenn Sie den Körper Ihres Haustieres nicht sofort, sondern erst etwas später beerdigen oder einäschern. Manche sagen, dass die Seele eines Haustieres drei Tage und drei Nächte braucht, um sich von seinem Körper loszulösen. Dies hat Menschen, die den Körper nicht so lange behalten konnten oder wollten, zusätzliche Trauer aufgebürdet, weil sie glaubten, einen furchtbaren Fehler gemacht zu haben. Ich bin anderer Ansicht. Ich bin mehrmals dabei gewesen, wenn Tiere gestorben sind, und kann an dem Verhalten ihrer Gefährten erkennen, dass sie in der Regel nicht länger als eine halbe Stunde brauchen, um zu gehen. Manche gehen sofort. Außerdem sind Haustiere, die eine sehr enge Verbindung mit ihrem Besitzer hatten, buchstäblich mit seiner Seele verankert, sodass sie nie »verloren gehen«.

Die meisten Gemeindevertretungen in Großbritannien berücksichtigen heute das Bedürfnis, das die meisten Tierbesitzer in dieser Zeit des Abschieds haben, und bieten Einäscherungs- und manchmal sogar Beerdigungsmöglichkeiten an. Dies sollten Sie organisieren, bevor die Sterbehilfe durchgeführt wird. Wenn Sie sich für eine Einäscherung entschließen, können Sie die Asche mit nach Hause nehmen. Wie auch immer, Sie können Ihre Trauer dadurch lindern, dass Sie eine Art Gedenkstätte errichten. Nach der Einäscherung meines geliebten Hundes Ace habe ich die Asche im Garten unter einem kleinen Rosenstrauch der Sorte »Shine On« begraben. Das fühlte sich für mich sehr passend an.

Bei einem großen Tier wie beispielsweise einem Pferd sind die Möglichkeiten dünner gesät. Während der Gedanke instinktiv unangenehm ist, dass Ihr Pferd tiergerecht erschossen wird, und die Vorstellung leichter zu ertragen ist, ihn einschläfern zu lassen, sollten Sie die Natur des Pferdes nicht außer Acht lassen. Zwar kann ein Tierarzt für die Sterbehilfe Medikamente einsetzen, aber vergessen Sie nicht, dass Pferde in der freien Natur Fluchttiere sind und daher sehr große Angst bekommen können, wenn sie merken, dass ihre Kraft allmählich nachlässt. Daher ist ein schneller Tod manchmal am barmherzigsten für sie. Die beste Möglichkeit für beide Beteiligte ist, sofern Sie es ertragen können, den Führstrick zu halten, Ihr Pferd mit einer Karotte zu füttern und – wenn es Zeit für den Pistolen- oder Bolzenschuss ist – wegzugehen, ohne sich noch einmal umzusehen.

Wenn Kinder betroffen sind, ist dies vielleicht ihre erste Begegnung mit dem Tod. Sorgen Sie dafür, dass mit ihren Gefühlen und Emotionen behutsam umgegangen wird.

Und schließlich sollten Sie nicht versuchen, »Nie wieder!« zu sagen. Wie Tennyson sagte, ist es besser, »geliebt und verloren, als überhaupt nicht geliebt zu haben«.

 Darüber hinaus werden Ihre verstorbenen Haustiere sich nie betrogen fühlen, wenn Sie beschließen, sich ein neues zuzulegen. Es ist ja nicht so, dass Sie versuchen, Ihr Tier zu ersetzen, denn Sie und Ihr verstorbenes Tier wissen, dass dies nicht möglich ist. Vielmehr können Sie die Leere in Ihrem Herzen und Ihrem Heim nicht ertragen, die durch den Verlust entstanden ist. Das ist ein Kompliment, keine Beleidigung. Es gibt Tausende von Tieren auf der Welt, die viel zu bieten haben, und zukünftige Besitzer, denen sie Erfüllung bedeuten könnten. Es gibt Tausende von Tieren da draußen, die keine Hoffnung haben, und viele zukünftige Besitzer, die ihnen neue Hoffnung geben könnten. Seien Sie mutig, lassen Sie sich erneut auf das Feuer emotionaler Verbindung ein, wissend, dass es am Ende Schmerzen bringen wird, und Sie werden als ein besserer Mensch daraus hervorgehen. Nicht nur das, vielleicht haben Sie ja sogar das Glück, Ihren alten Liebling zurückzubekommen, wenn Sie ihm die Chance dazu geben, indem Sie Ihr Herz einem anderen Haustier öffnen. Und selbst wenn Ihr verstorbenes Haustier nicht zurückkehrt, wird es sein Wunsch sein, dass Sie einem anderen Tier helfen, wenn Sie können.

EIN FUNKEN IHRER SEELE

Zahllose Menschen haben mir in ihren Briefen geschrieben, wie besonders und einmalig ihr Tier war. Und manche scheinen angesichts der Intensität ihrer Trauer sogar ein wenig verlegen zu sein und klagen, dass manche Menschen sie nicht zu verstehen scheinen. Die Sache ist die: Wenn Sie eine Beziehung mit diesen ganz besonderen Hunden,

Katzen oder anderen Tieren haben, besteht die Möglichkeit, dass sie tatsächlich ein Funken Ihrer Seele sind. Das bedeutet, dass sie auf einer tiefen geistigen Ebene mit Ihnen verbunden sind. Sie haben höchstwahrscheinlich nicht nur viele andere Inkarnationen zusammen verlebt, sondern Sie verlieren, wenn sie sterben, im wahrsten Sinne des Wortes einen Teil Ihrer Seele, einen Teil Ihres Selbst. Kein Wunder, dass der Schmerz so groß ist. Daher sollten Sie deswegen nie Schuldgefühle haben oder versuchen, Ihre Trauer zu unterdrücken, um anderen Menschen zu behagen, die das, was Sie erleben, noch nie durchgemacht haben. Die gute Nachricht ist, dass Sie aufgrund dieser so tiefen Verbindung eigentlich nie wirklich getrennt sind. Es fühlt sich nur so an für Ihr sterbliches Selbst. Diese Tiere werden fast immer im Geiste bei Ihnen sein, und wenn Sie offen für die kleinen Zeichen und Hinweise sind, werden Sie jede Menge Beweise dafür finden. Außerdem werden sie höchstwahrscheinlich in einem anderen Körper zu Ihnen zurückkehren, manchmal in diesem, manchmal in zukünftigen Leben. Seien Sie also getröstet. Meine größte Angst, als ich meinen geliebten Hund Ace verlor, dem es immer so wichtig gewesen war, in meiner Nähe zu sein, bestand darin, dass seine Seele ohne mich verloren wäre, nicht fähig, mich zu finden, und genauso unglücklich und leidend ohne mich, so wie ich es ohne ihn war. Natürlich weiß ich heute, dass dies nie der Fall war, weil seine Seele so sicher an meiner festgemacht ist wie ein Schiff an seinem Liegeplatz. Sie konnte nie verloren gehen.

Wenn Sie diese Art von Haustier verloren haben, fragen Sie sich vielleicht, wie es seinen Weg zurück zu Ihnen in einem anderen Körper finden kann, sofern es zurückkehren sollte. Das kann auch für Tiere eine schwierige Aufgabe sein, und gelegentlich gelingt es ihnen nicht, und sie müssen es erneut versuchen, wenn der von ihnen gewählte Körper stirbt. Der Grund dafür ist häufig, dass ihr vorheriger Besitzer entweder zu sehr trauert, um nach einem anderen Haustier zu suchen, oder allzu eifrig ist und sich an den falschen Strohhalm klammert.

Ich kenne Menschen, die das eine oder das andere getan haben und denen es auf diese Weise missglückt ist, wieder mit ihrem geliebten Tier zusammenzukommen. Tiere können nur so viel tun und sich nur bei den richtigen Gelegenheiten präsentieren. Nichts ist in Stein gemeißelt, und Fehler können gemacht werden. Letzten Endes werden sie zu Ihnen zurückkehren, aber es gibt Möglichkeiten, um einen solchen in die Länge gezogenen Kummer zu vermeiden. Manche Menschen kommen zu dem Schluss, dass jedes Tier derselben Spezies und Rasse mit derselben Färbung ein passendes Vehikel für die lange vermisste Seele ihres Haustieres bietet. Doch so funktioniert das nicht; Tiere sind nicht irgendwelche Aliens, die einen anderen existierenden Körper übernehmen oder sich sogar auf Geheiß ihres Besitzers in einem inkarnieren können.

Es gab mal eine sogenannte Hellseherin, die im Internet behauptete, sie und nur sie könne die Seele Ihres Haustieres in einen existierenden Körper lenken und es auf diese Weise zu Ihnen zurückbringen, und falls Sie sie nicht konsultieren, würden Sie Ihren Liebling wahrscheinlich für immer verlieren. Ich empfand diese Information in vielerlei Hinsicht als grobe Irreführung. Erstens kann niemand außer dem Schöpfer und dem Engel der Tierseele den richtigen Körper finden, der der Entwicklung dieser Seele dienlich ist. Und zweitens, was ist mit der Seele, die diesen Körper bereits bewohnt oder ihn bewohnen soll? Diese Seele hat schließlich auch Rechte! Sich einfach nur einen neuen Hund oder eine neue Katze zu krallen, die physisch Ihrem verlorenen Haustier ähnelt, kann beiden Beteiligten Kummer und eine unzufriedene Partnerschaft bringen.

Wenn Sie also glauben und hoffen, dass Ihr Haustier versucht, zu Ihnen zurückzukehren, überstürzen Sie nichts. Üben Sie sich in Geduld und seien Sie wachsam, und die Zeichen werden sich zeigen. Diese Zeichen sind häufig subtil, doch kommunizieren Sie in der Meditation mit Ihrem hinübergegangenen Haustier und bitten Sie um Hinweise und Namen, um Sie beide wieder zusammenzubringen. Sollte Ihnen dies nicht gelingen, gehen Sie zu einem bewährten Tierkommunikator (ich habe einige wirklich gute im nächsten Kapitel und aufgeführt) und bitten Sie ihn, Ihnen die Zeichen zukommen zu lassen, die notwendig sind, um Ihr Tier wiederzufinden. Manchmal wird Ihr verstorbenes Haustier Sie zu einem völlig neuen Tier führen, beispielsweise zu einem, das aufgrund seines Alters nicht die Seele Ihres verstorbenen Lieblings haben kann. Sollte dies der Fall sein, vertrauen Sie darauf, dass Ihr Tier-Funke weiß, was am besten für Sie und das Tier ist, zu dem es Sie geführt hat.

Vertrauen nimmt einen großen Teil in dem Prozess der Partnerschaft zwischen Tier und Mensch ein. So kommt es zuweilen vor, dass ein Haustier in einem menschlichen Körper inkarniert, aber dennoch eine neue Partnerschaft mit einem Tier für Sie einleiten möchte. Vertrauen ist notwendig, doch sobald Sie die Prämisse akzeptieren, dass Sie und Ihr geliebtes Tier vereint und auf einer Seelenebene miteinander verbunden sind, wird diese Art von Vertrauen leichter. Glauben Sie mir: Das Tier, um das Sie trauern und durch dessen Verlust Ihnen Ihr Leben sinnlos erscheint, wird Sie nie wirklich verlassen. Die Verbindung kann eine andere Form annehmen als die Behaglichkeit eines seidenweichen oder struppigen Rückens, das liebevolle Schnuppern eines pelzigen Freundes oder die Flügelschläge über Ihrem Kopf. Stattdessen kann es etwas anderes sein – ein unvergesslicher Duft, das Gewicht eines unsichtbaren Hundes auf Ihrem Bett oder der Schatten eines Katzenschwanzes, der durch eine Tür huscht – in jedem Fall *wird* Ihr Haustier da sein, an Ihrer Seite, für immer.

12

Hilfe von Experten

Tipps, wo Sie Hilfe finden können, wenn Sie
nicht in der Lage sind, die Verbindung
zu Ihrem Haustier selbst herzustellen.

Ich habe einige wunderbare Tierkommunikatoren und
Heiler interviewt, damit jene Leser, die nicht in der Lage
sind, die Verbindung herzustellen und selbst mit ihren
Haustieren zu kommunizieren, eine Vorstellung davon bekommen, an wen sie sich um Hilfe wenden und wo sie
etwas lernen können. Es gibt nichts Schlimmeres, als mit
Gefühlen der Einsamkeit zu kämpfen, und es muss auch
nicht sein, wenn es so großartige Menschen gibt wie diese,
die man um Hilfe bitten kann.

Außerdem ist es hilfreich zu sehen, dass sogar Menschen,
die heute Experten sind, nicht immer Experten waren und
dass jeder lernen kann, mit seinem Haustier zu kommunizieren. Bitte schreiben Sie mir und lassen Sie mich wissen,
wie Sie vorwärtskommen.

Als Kind liebte ich Tiere über alles, und einer meiner größten Wünsche war, Pferde um mich zu haben. Ich kann
mich daran erinnern, wie meine Mutter mich immer warnte,
nicht auf fremde Hunde zuzugehen, da sie vielleicht nicht
sehr lieb waren. Doch dieser Gedanke kam mir nie, und ich

verspürte jedes Mal unweigerlich den Wunsch, Hallo zu sagen und eine Verbindung herzustellen.

Rückblickend erkenne ich, dass meine Mutter mich mit ihren Warnungen vor Schaden beschützen wollte, doch auf einer tieferen Ebene übertrug sie ihre Ängste auf mich – Ängste, die mir wiederum unbekannt waren. Meine Mutter konnte meine Verbindung zu den Tieren jedoch nicht nachvollziehen, da sie selbst diese angstfreie Nähe zu Tieren nie erlebt hatte. Sie hatte ihre eigenen Erfahrungen gemacht. Das Ganze war eine Lernprozess für mich: meinen Instinkten zu vertrauen und an mich selbst zu glauben. Was ich fühle, spüre und denke, unterscheidet sich vielleicht von anderen, bedeutet jedoch nicht, dass ich mich irre. Ich lernte bald, dass Menschen einander, ohne es zu beabsichtigen, unnötige Ängste aufzwingen und so die intuitive Spontaneität bremsen, die uns alle als Kinder auszeichnet.

Ich wuchs in einer Familie auf, der zwar die Vorstellung von Tieren gefiel, die aber eigentlich nie das Bedürfnis hatte zu erfahren, was es bedeutet, wirklich mit einem Tier zusammenzuleben. Also hatten unsere Haustiere meistens ihren eigenen Platz und lebten in zuweilen sehr unpassenden Umgebungen, obwohl sie sehr von uns geliebt wurden. Zum Beispiel war da Bruce, ein Minipudel. Bruce war ein bissiges kleines Ding, und aus diesem Grund fanden meine Eltern, dass er in einem kinderlosen Zuhause besser aufgehoben wäre, und gaben ihn weg. Dann brachte ein Ausflug ins Battersea Dogs Home Prince in unser Leben. Er war ein Welsh Border Collie und, was meine Eltern nicht wussten, ein Tier, das viel Auslauf und Pflege brauchte. Leider verhinderte der hektische Lebensstil unserer Familie die Möglichkeit, dass sich eine echte Verbindung zwischen Tier und Besitzern entwickeln konnte. Prince ließ uns auf die einzige Weise, die ihm möglich war, wissen, dass er unglücklich war: Er hinterließ seine Spuren in der Küche, wo er gehalten wurde. Aber ich erinnere mich daran, wie glücklich Prince war, wenn wir im Park herumtollten, die Rutschbahn hinunterrutschten und auf das Karussell sprangen. Er hatte so viel Liebe zu geben, doch keiner von uns wusste damit umzugehen. Danach waren vorübergehend mehrere Katzen bei uns, unter anderem Sooty – wie Sie sich vorstellen können, ein schwarzer Kater. Er war ziemlich groß, mit einem weißen Fleck unter dem Kinn, und wenn es je eine alte Katzenseele gegeben hat, dann war es Sooty. Er schien zu wissen, wann wir nach Hause kamen, und war immer da, um jeden Einzelnen von uns zu begrüßen. Das war nur eine der Eigenschaften, die ihn so liebenswert machten. Er war ein ausgesprochen soziales, heilendes Tier, und er machte so vielen Patienten in der Arztpraxis Freude, dass er schließlich der »Arzt-Kater« wurde, bis er im Alter von 18 Jahren starb.

Viele Dinge ereigneten sich, so wie im Leben der meisten Menschen: Hochzeit, Geburt eines Sohnes, Trennung vom Ehemann und anschließende Scheidung, bevor ein anderes Haustier kam. Als mein Sohn drei Jahre alt war, hielt ich es für wichtig, ein Haustier anzuschaffen und ihm zu zeigen, was alles dazugehörte, um es richtig zu versorgen. Mittlerweile wusste ich eine Menge darüber, wie man mit Haustieren umgeht und für sie sorgt, und hatte von den frühen Fehlern meiner Familie gelernt. Ich hatte die Verbindung verstanden, die zwischen einem Haustier und seinem Besitzer existieren sollte. Ich empfand es als sehr wichtig, dieses Wissen an meinen Sohn weiterzugeben, damit auch er so wie ich Tiere lieben und das Gefühl verstehen würde, eins mit ihnen zu sein.

Mein Sohn und ich entschieden uns gemeinsam für ein junges Kätzchen, doch leider starb es innerhalb einer Woche an Dünndarmentzündung. Dies war meinem Sohn zumindest ein Beispiel für die Unverantwortlichkeit mancher Menschen. Wenn Menschen ihren Katzen erlauben, sich zu paaren, dann sollten sie dafür sorgen, dass sie es gefahrlos tun. Die Tragödie des Todes unseres Kätzchens ereignete sich eines Abends, als ich bei der Arbeit war und mein Sohn von seinem Großvater im Kindergarten abgeholt wurde. Als die beiden die Küche betraten, war das Kleine bereits in einem sehr schlechten Zustand.

Nach einiger Zeit holten wir zwei schwarze junge Katzen zu uns, die wir Bonnie und Clyde nannten. Clyde war ein besonders großer Kater und ein Abenteurer, immer forschend unterwegs, doch eines Abends kam er nicht nach Hause, und von diesem Moment an war Bonnie nie außer Sichtweite. Sie war beinahe eine Hauskatze, doch gleichzeitig war sie sehr dominant und wusste, wie sie meinem Sohn klarmachen konnte, wenn er zu weit gegangen war, ohne dass sie selbst dabei jemals zu weit ging. Sie hatte ein Herz aus Gold, das uns grenzenlose Liebe schenkte und uns oft zum Lachen brachte. Man konnte sie an den unmöglichsten Stellen und in den kleinsten Behältern schlafend finden, um den Topf einer Pflanze gewickelt oder in einer Spielzeugkiste versteckt. Ihre Tippfähigkeit auf dem Computer war der meinen weit überlegen, und wenn ich mit einem Stift schrieb, war das für sie einfach nur ein großer Spaß. Ich konnte beinahe ihr Lachen hören, während sie mein Weiterkommen behinderte: Welche Freude, diese Persönlichkeit gekannt und heute all diese Erinnerungen an unsere viel geliebten Haustiere zu haben.

Kurz nachdem mein Vater gestorben und mein Sohn 14 geworden war, kam ein kleiner weiblicher Malteserterrier in unser Leben, den wir Pepper nannten. Sie war lustig und so winzig – ein weißer, flauschiger Ball, der sich unter die Möbel quetschen konnte und uns überallhin folgte. Pepper war wie das kleine Mädchen, das ich nie hatte. Sie brachte uns große Freude, und als die Bindung zwischen uns immer enger wurde, war auch das Vertrauen in jedem Fall vorhanden.

Sie wusste, dass – wenn ich ihr etwas sagte – es nur zu ihrem eigenen Besten war, und sie machte den Eindruck, als würde sie jedes Wort verstehen. Daher wusste sie oft, was ich tat, bevor ich selbst es wusste, und ihre Geduld und Loyalität waren grenzenlos. Oft spielte sie mit ihrer Schwester, die in der Nähe lebte, und gemeinsam gingen die beiden spazieren oder tollten herum und bellten aus Spaß, um zu warnen oder Aufmerksamkeit zu erregen. Ihre Schwester pflegte sie zu verpetzen. Pepper war ein lässiger, entspannter, cooler Hund, ihre Schwester hingegen nervös und irgendwie »verstopft« vor lauter Stress. Wenn Pepper aus irgendeinem Grund nicht das Haus verlassen konnte, ging ihre Schwester zu ihrer Besitzerin, zog an deren Bein, bis sie ihr nach unten oder von der anderen Seite des Hauses folgte, um sie wissen zu lassen, dass die Tür für Pepper nicht offen war und sie daher nicht in der Lage gewesen war, es zurückzuhalten. Zusammen waren sie erstaunlich und brachten uns so oft dazu, Freudentränen zu weinen. Während ich mich in diesem Moment daran erinnere, fühle ich, wie mir die Tränen in die Augen treten wegen des Verlustes dieser überaus wunderbaren Freundschaft, die auf Liebe, Loyalität und Vertrauen beruhte. Pepper mag vielleicht in einem vierbeinigen Körper festgesteckt haben, doch war sie so menschlich wie Sie und ich, mit Augen so voller Liebe, dass man sich darin verlieren konnte.

Unser 13 Jahre anhaltendes Zusammenleben war eine Zeit ununterbrochener Freundschaft und des Miteinanders.

Pepper starb am 18. Februar 2007. Früh an jenem Sonntagmorgen schien es ein Tag wie jeder andere zu sein. Es gab keinerlei Zeichen, dass sie mich an diesem Tag verlassen würde – im Gegenteil, denn ich wusste immer, wenn es ihr nicht gut ging, und es gab nicht das geringste Zeichen dafür. Fast auf den Tag genau ein Jahr zuvor war Pepper sehr krank geworden, und ich musste mit ihr zum Tierarzt gehen und ihn bitten, mir zu sagen, was ihr fehlte. Doch nichts, was er unternahm, schien zu helfen – im Gegenteil, durch die Medikamente verschlechterte sich ihr Zustand. Also besann ich mich wieder auf mein Vertrauen in mich selbst, setzte alle Medikamente ab und fing an, sie auf natürliche Weise mit Vitaminen und Diät zu behandeln, woraufhin sie sich zu fangen schien. Ich las alles über Ernährung und Ernährungsergänzungen und fand heraus, was sie brauchte, um ihr ein gesundes Leben mit den erforderlichen Nährstoffen zu ermöglichen. Nur gelegentlich kam es vor, dass sie wieder vorverpackte oder vorgefertigte Industrienahrung zu sich nahm. Ich fütterte sie mit den köstlichsten Dingen, und sie aß genauso gut wie wir. Das hielt sie ein weiteres Jahr bei guter Gesundheit – ein Jahr, für das ich ewig dankbar sein werde, da unser letztes gemeinsames Jahr das schönste war, das man sich vorstellen kann.

Pepper war in vielerlei Hinsicht eine Lehrerin für mich und ist es bis heute, wenn auch in der geistigen Welt. Sie war es, die mir das bahnbrechende Wissen vermittelte, dass wir tatsächlich mit Tieren kommunizieren können, und genau das ist es, was ich heute an andere weiterzugeben versuche. Dennoch hielt der Schock über ihr Dahinscheiden ein paar Tage an. Ich zündete eine Kerze für sie an und legte sie in ihr Bett, das sie immer besonders geliebt hatte. Ich rief die Besitzerin ihrer Schwester an und natürlich meinen Sohn, damit sie sich von Pepper verabschieden konnten. Es war ein

Wochenende, daher fühlte es sich vernünftig an, sie bis zum darauf folgenden Dienstag zu behalten und am Montag die nötigen Vorkehrungen zu treffen und ihren physischen Körper für das Begräbnis vorzubereiten. Das gab ihrer Seele die Gelegenheit, in die geistige Welt hinüberzuwechseln. Ihr Tod war so plötzlich, dass es sich richtig anfühlte, ihr Zeit und Raum zu geben, so wie wir es verstehen.

Es stellte sich heraus, dass Pepper an einem Aneurysma gestorben war, einem kleinen Blutgerinnsel, das innerhalb von Sekunden zum Tod geführt hatte. Wenn man sich wünschen könnte, auf welche Weise man von diesem in das nächste Leben hinübergeht, dürfte diese eine der sanftesten sein. Nach diesem Dienstag war alles so ungewohnt still zu Hause. Jegliche Normalität war unterbrochen worden. Es gab keine Forderungen, Pepper zu füttern oder mit ihr Gassi zu gehen, es gab kein Essen zuzubereiten, es waren keine Türen zu öffnen, es war kein Freund an meiner Seite, und die Tränen begannen endlich zu fließen, als ich versuchte zu verstehen – warum? Warum war es so wichtig für Pepper gewesen, jetzt zu gehen? Als ich innerlich diese Frage stellte, kam als Antwort, dass ich ihr immer den Vorrang gegeben hatte und jetzt meine Zeit gekommen war, um mich in erster Linie um mich zu kümmern und die nächsten Schritte in meinem Leben zu unternehmen. Hier war meine Pepper und sprach aus der geistigen Welt zu mir, und wie üblich hatte sie völlig recht. Ich führte ein sehr eingeschränktes Leben. Ich arbeitete zu Hause und ging so gut wie nie weg. Und wenn ich mal ausging, war sie die Erste, die begrüßt wurde, und dann erst ich; wenn wir spazieren gingen, war sie die Erste, die jeden Entgegenkommenden begrüßte, und die Erste, die mich vor Menschen mit schlechten Absichten warnte. In gewisser Hinsicht wusste sie, dass sie zwischen mir und der Außenwelt stand, und bis heute führt und tröstet sie mich. Wenn ich unterrichte, unterrichtet sie mit mir, und sie hat sich zu einer Seele entwickelt, mit der man auf die natürlichste Weise kommunizieren und von der man lernen kann. Ich weiß jetzt, dass ich sie nicht verloren habe, da sie in meinem Herzen immer bei mir ist und mich überallhin begleitet, wohin ich auch gehe. Und nach wie vor führt sie – nur sieht sie kein anderer, das ist alles. Doch ich glaube daran, und allein das zählt.

Andere Menschen Tierkommunikation zu lehren ist eine Aufgabe, an der wir gemeinsam arbeiten, um die enormen Segnungen und Erkenntnisse zu ermöglichen, damit andere den gleichen Glauben selbst erfahren können. Ich möchte das Wissen weitergeben, dass wir alle ohne Ausnahme mit Tieren kommunizieren können. Das Entscheidende dabei sind unser Vertrauen und unsere Bereitschaft zu glauben, dass es möglich ist. Meine Workshops sollen Menschen mit diesem Wissen und dem Glauben an sich selbst ausrüsten, dass auch sie auf jeden Fall mit Tieren kommunizieren kön-nen. Sie lernen, dass sie mit ausreichend Übung die Fertig-keit entwickeln können, sich wirklich mit dem Tier zu ver-binden, mit dem sie kommunizieren, was dann zur Heilung auf vielen Ebenen führen kann. Ich bin in der Lage, simultan ein Gespräch sowohl mit einem verstorbenen Tier als auch mit seinem Besitzer zu führen, bei dem ich als zentrales Bin-deglied fungiere, und ziele darauf hin, diese Fertigkeit an andere weiterzugeben. Außerdem bin ich in der Lage, Men-schen zu lehren, ein verloren gegangenes Tier ausfindig zu machen, indem sie sich daran erinnern, dass es nur in den Augen des Besitzers verloren ist und dass er erst dann wis-sen kann, ob es wirklich verloren oder freiwillig weggegan-gen ist, wenn er mit dem Tier kommuniziert hat.

Tierkommunikation ist eine Gelegenheit, sich auf die Welt der Tiere einzustimmen und ihr mentales, physisches, emotionales und spirituelles Wesen zu verstehen, zu verstehen, was sie von uns wollen und was ihre Aufgabe in unserem Leben ist. Erst wenn wir auf diese Weise das Gleichgewicht der Kontrolle sehen, sind wir wirklich imstande, die Seele eines Tieres als die eines Gleichgestellten zu berühren.

Linda Lowey
www.talkingwithanimals.co.uk

Wenn Sie mich bitten, eine Heilungssession für Ihr Haustier durchzuführen, werden Sie sich vielleicht fragen, was Sie – falls überhaupt – dazu beitragen sollen. Die Antwort lautet: Sehr wenig. Im Laufe einer Fernheilungssession mit mir kann Ihr Tier tun, was immer es will, da ich an seinem Energiefeld arbeite und sein physischer Aufenthaltsort keine Auswirkungen darauf hat.

Während einer persönlichen Heilungssession kann Ihr Haustier meine Hände untersuchen oder seinen Körper in meine Hände drücken, oder sich von mir fernhalten und mich beobachten. Es gibt keine Regeln; Ihr Tier wird die Kontrolle über die Session haben, und ich werde mit ihm arbeiten, indem ich meine Hände auf seinen Körper lege oder einfach nur bei ihm bin, auch wenn es nicht direkt neben mir sitzt. Vielleicht fällt Ihr Haustier in einen tiefen Entspannungszustand oder schläft sogar ein. Seien Sie versichert, dass alle Tiere mit Liebe, Mitgefühl und Respekt behandelt werden.

Als Tierkommunikatorin und Heilerin lerne ich oft Tiere kennen, die wissen, dass ihre Reise auf der Erde bald zu Ende geht; Tiere, die eine Aufgabe in diesem Leben haben; und Tiere, die darum bitten, dass man ihnen hilft, auf die andere

Seite hinüberzugehen. Hier sind nur ein paar der Geschichten dieser erstaunlichen Tiere.

Vor einigen Jahren hatte ich eine Kommunikation mit einer Katze namens Barnaby, die deutlich macht, wie sehr sich Tiere ihrer eigenen Sterblichkeit und der Aufgabe in ihrem Leben bewusst sind.

Barnabys Betreuerin hatte mich kontaktiert, da sie wissen wollte, wie der Kater sich fühlte. Nach einem kleinen Gespräch über ihn, sein Leben, seine Lieblingsaktivitäten, seine Ernährung etc. übermittelte er mir ganz nüchtern, dass seine Zeit auf der Erde sich ihrem Ende näherte. Er machte mir diese Tatsache einfach bewusst, ohne Drama oder großes Aufhebens. Ich empfand ihn als eine Art Bob Marley der Katzenwelt: cool und gelassen. Er war völlig entspannt angesichts eines Ereignisses, von dem er wusste, dass es bevorstand. Die Weisheit und die Akzeptanz, die von ihm ausstrahlten, waren überwältigend. Ich konnte kaum glauben, was ich hörte. Es war völlig überraschend, dass ein Tier einem Tierkommunikator von seinem unmittelbar bevorstehenden Tod berichten würde, ohne dazu aufgefordert worden zu sein. Er erwähnte es einfach in dem Gespräch, so wie man über irgendetwas spricht, was einem gerade einfällt.

Er erklärte mir, dass er bereit war, auf seine letzte Reise zu gehen, dass er ein wundervolles, aufregendes Leben mit seiner Betreuerin genossen hatte und dass sein Körper alt und schwach wurde. Zu diesem Zeitpunkt war Barnaby bei guter Gesundheit, er hatte lediglich Zahnfleischprobleme. Der Tierarzt hatte nichts Bedenkliches feststellen können. Der Kater erfreute sich eines angenehmen Lebens, er war voller Scherze und balgte sich leidenschaftlich gern mit seiner Schwester, einer feurigen fuchsroten Katze. Fünf Monate später nahm seine Betreuerin erneut Kontakt mit mir auf, da sie den Eindruck hatte, es ginge ihm zusehends schlechter, auch wenn der Tierarzt nichts feststellen konnte. Sobald ich die Verbindung mit Barnaby aufnahm, fühlte ich, dass seine Energie schwach geworden war und dass seine Lebenskraft tatsächlich immer mehr abnahm. Er freute sich, mit mir zu kommunizieren, und teilte mir mit, dass sein Ende näher rückte.

Er erzählte mir, dass seine Aufgabe in diesem Leben darin bestanden hatte, sich um seine Betreuerin zu kümmern und dafür zu sorgen, dass sie sich entspannte. Das brachte mich zum Lächeln, da diese Frau immer auf dem Sprung ist, sehr beschäftigt und gesellig, doch selten still und entspannt. Er sorgte dafür, dass sie sich die Zeit nahm, um ihn zu streicheln oder mit ihm zu spielen; er begrüßte sie, wenn sie nach Hause kam; er schlief auf ihrem Bett neben ihrem Kopfkissen, um ihr nahe zu sein. Alles in allem konnte man sagen, dass er ihr kleiner Schatten war. Für ihn war diese Aufgabe einfach, aber einflussreich, und er glaubte, sie erfüllt zu haben. Auch jetzt war er voller Heiterkeit und Frieden und sehr philosophisch hinsichtlich seines Hinscheidens. Er vermittelte mir, dass er von allein gehen würde, wenn seine letzte Stunde gekommen war – und ich ahnte gar nicht, was er wirklich damit meinte!

Ein paar Monate später meldete sich seine Betreuerin erneut. Ihrer Stimme konnte ich entnehmen, dass etwas nicht stimmte. Barnaby war spurlos verschwunden. Verwirrt kommunizierte ich sofort mit Barnaby, und die Antworten kamen klar zu mir herüber. Barnaby hatte sich an einem Ort zurückgezogen und seinen schwachen Körper schon lange verlassen. Er gab mir eine bestimmte Botschaft für seine Betreuerin und bekundete, dass er friedlich eingeschlummert war, so wie er es gewollt hatte. Seine Betreuerin nahm die Botschaft schweren Herzens an und sagte, in ihrem Herzen habe sie gewusst, dass er gestorben war.

Ich werde diese Kommunikation mit Barnaby nie vergessen, da sie mir zeigte, dass manche Tiere außersinnliche Fähigkeiten besitzen und über ihre Zukunft Bescheid wissen und sich ihrer Sterblichkeit sehr bewusst sind.

Und hier noch eine andere außergewöhnliche und bemerkenswerte Geschichte über die Seele eines Tieres.

Man hatte mich gebeten, einige Heilungssessions für einen wundervollen kleinen Hund namens Zephyr durchzuführen. Sie war eine sehr süße kleine Madame, die Atemprobleme hatte. Oft lasse ich während des Heilens einen Kommunikationskanal offen, damit das Tier mit mir kommunizieren kann, wenn es das möchte. Zephyr wusste das und machte von dem Angebot Gebrauch. Sie übermittelte mir ein paar Fakten bezüglich der kürzlich vorgenommenen Schlafordnung, die ihr zugemutet worden war, und zeigte ihr Missfallen. Als ich ihrer Betreuerin davon berichtete, war sie über Zephyrs Bitte verblüfft, auch wenn sie sehr einleuchtend war. Sie machte die Neuerungen wieder rückgängig, und sofort legte Zephyr ihre Zufriedenheit an den Tag.

Die Heilungssessions verliefen gut, und Zephyrs Atemprobleme wurden langsam besser, bis sie schließlich ganz verschwanden. Sie bat um ein paar Dinge, die ihr gegeben werden sollten, damit ihre Gesundheit besser wurde (sie war schon im letzten Lebensabschnitt). Nach ein paar einfachen Ernährungsänderungen ging es ihr zusehends besser, und sie genoss ihre Spaziergänge und ihr Leben im Allgemeinen.

Ein paar Monate nach der Heilung rief mich ihre Betreuerin an, um mir mitzuteilen, dass Zephyr plötzlich in ihrem Garten gestorben war. Die Frau war untröstlich, und ich muss zugeben, dass auch ich am Telefon weinte, da dieser kleine Hund so viel Charisma und Charakter gehabt hatte. Sie war mir sehr ans Herz gewachsen. Einige Tage danach rief die Frau erneut an und erzählte mir, Zephyr sei ihr im Wohnzimmer erschienen, ihr Körper war völlig gesund mit glänzendem Fell und dem Aussehen eines jungen, fröhlichen Hundes. Die Erscheinung dauerte nur wenige Minuten, und die Frau berichtete, dass Zephyr ihr gesagt hatte, sie solle nicht um sie trauern, da sie jetzt glücklich sei und schon bald wieder auf die Erde zurückkommen würde. Die Frau freute sich sehr, dass sie ihren Hund noch ein letztes Mal gesehen hatte, und wollte meine Meinung dazu wissen. Ich sagte ihr, ich sei überzeugt, dass sie tatsächlich ihren Hund gesehen hatte und dass möglicherweise ein anderes Hundebaby, das sie an Zephyr erinnern würde, sehr bald schon in ihr Leben treten würde.

Und tatsächlich meldete sich die Frau zwei Monate später noch einmal und erzählte mir, dass sie einen neuen Welpen adoptiert hatte. Sie schickte mir ein paar Fotos, damit ich mir ihren neuen Liebling anschauen konnte, und ich spürte deutlich, dass Zephyrs Geist diesen kleinen Hund umgab. Die Frau bestätigte, dass der Kleine viele der Charaktereigenschaften, Vorlieben und Abneigungen zeigte, die sie von Zephyr kannte.

Ich fand das sonderbar, da die beiden Hunde unterschiedlicher Rasse waren, was bedeutet, dass diese Ähnlichkeiten nicht als Zuchteigenschaften gelten können. Wirklich sehr eigenartig, doch ich bin froh zu wissen, dass Zephyr jetzt irgendwo an der Regenbogenbrücke glücklich ist und es den Anschein hat, als habe ihre Seele in einem neuen Körper so bald schon die Liebe zu ihrer Besitzerin gefunden.

Meine eigene Geschichte mit meinen Tieren zeigt, dass Tiere manchmal um Hilfe bitten, um auf die andere Seite überzuwechseln.

Vor langer Zeit hatte ich einen Afrikanischen Zwergigel namens Zoe. Sie war ein bezaubernder kleiner Gefährte, charaktervoll und hatte immer Unsinn im Sinn und ihren eigenen Willen und war auch sehr resolut. Wir hatten fünf herrliche Jahre zusammen. Die letzten paar Monate ihres Lebens war die schwierigste und gleichzeitig intensivste Zeit, die ich je mit einem Tier verbracht habe. Die Ärzte stellten das »Wobbly Hedgehog Syndrome« (Taumelkrankheit) fest, das trotz des lustig klingenden Namens eine schwere Erkrankung mit tödlichem Ausgang ist. Sie wird häufig mit multipler Sklerose beim Menschen verglichen.

Als Tierheilerin wusste ich, dass einige ergänzende Therapien dazu beitragen konnten, Zoes Schmerzen zu lindern und ihr emotional zu helfen angesichts der schwächenden Symptome, wie etwa Inkontinenz, Schmerzen und unsicherer, wankender Gang. Monatelang verbarg ich meine Gefühle und Emotionen und widmete mich ganz Zoes Wohlbefinden, indem ich Hydrotherapie, Physiotherapie, Handauflegen und Fernheilung anwandte und ihr die beste Nahrung gab, die mir einfiel, sie mit Bachblüten behandelte – zusätzlich zu konventionellen tierärztlichen Methoden. Zoe schien dies alles gut zu bekommen, und sie ließ mich oft wissen, dass sie mir für meine Hilfe dankbar war – bis zu dem Tag, als ich eine Heilungssession mit ihr machte und laut und deutlich in meinem Inneren hörte, dass ich damit aufhören sollte, weil es nicht länger nötig war. In diesem Moment wusste ich, dass sie bald von ihrem irdischen Körper erlöst werden würde. Und tatsächlich, ein paar Wochen später war es so weit.

An dem Morgen ihres Hinscheidens fand ich sie völlig aufgelöst in ihrer Kiste, und sofort kamen mir folgende Gedanken in den Kopf: »Meine Zeit ist gekommen, lass mich bitte gehen. Ich brauche Hilfe, um diesen Körper zu verlassen.« Die Tränen liefen mir übers Gesicht, als ich den Tierarzt am Telefon um einen Notfalltermin bat. Während der ganzen Fahrt zur Arztpraxis lag Zoe in meinem Arm, ihre kleine Nase ruhte in meiner Achselhöhle, und ihre Augen blickten unverwandt in die meinen. Ich konnte klar hören, wie sie mir sagte, dass sie dankbar war für alles, was wir für sie getan hatten, und dass ihre Zeit gekommen war. Sie hatte große Schmerzen und wollte gehen, wollte, dass es aufhört. Der Tierarzt bestätigte unsere ärgsten Befürchtungen. Zoe hatte einen inoperablen Tumor im Bauch, und ich musste mich endgültig von meiner kleinen Seelengefährtin verabschieden.

Sie wurde auf der Stelle eingeschläfert, und ich werde nie vergessen, wie ich ihr kleines Gesicht berührte und liebevoll mit ihr sprach, während mir die Tränen über die Wangen liefen. Zoe sah mich an und versuchte mit letzter Kraft, ihren Kopf zu heben, während sie mir telepathisch für alles dankte. Dann sank sie zurück und hatte Frieden gefunden, und ich wusste, dass sie am Anfang eines neuen Abenteuers stand.

Seither habe ich zwei Perserkatzen adoptiert, von denen eine im gleichen Jahr geboren wurde, in dem Zoe starb, und einige ihrer Verhaltensweisen erinnern mich an sie. Könnte es tatsächlich sein, dass sie wieder ihren Weg zurück nach Hause gefunden hat? Vielleicht ist es Wunschdenken, doch tief im Inneren bin ich davon überzeugt, dass sie uns nicht verlassen hat. Sie ist irgendwo in unserer Nähe, und sie ist für immer in unseren Herzen.

Oephebia
www.animalscantalk2me.com

Ich bin seit zwölf Jahren professionelle Tierkommunikatorin und berate Klienten in ganz Illinois, meiner Heimat, sowie in anderen Teilen des Mittleren Westens und überall in den USA. Mein Wunsch, Tieren und ihren menschlichen Gefährten zu helfen, wurde von meiner Katzengefährtin Panda inspiriert, einer anmutigen und verspielten Freundin, die in die Geistwelt überwechselte, als ich mit meiner Reise auf diesem Weg begann.

 Im Herbst 1999 hatte Panda akutes Nierenversagen. Ich war verzweifelt und todtraurig. Damals kannte ich jemanden, der die Fähigkeit besaß, die Gedanken und Gefühle von Tieren zu kommunizieren. Diese Therapeutin ließ mich Pandas Gedanken darüber wissen, was ich tun konnte, um ihr beizustehen, was uns beiden durch eine sehr schwierige sechswöchige Periode half. Gegen Ende ihres Lebens vermochte ich selbst Pandas Gedanken aufzufangen – es war für uns beide eine große Freude, diese Verbindung zu erleben.

Als die Zeit kam, um Panda bei ihrem physischen Übergang zu helfen, machte diese Verbindung von Herz zu Herz und Seele zu Seele dieses Ereignis anstatt zu einem Erlebnis von völliger Trauer zu einem von Verständnis und wunderbarer Entdeckung. Es war ein herrliches Geschenk. In jenem Augenblick erhielt ich die Bestätigung, dass diese Verbindung mit Tieren und der Natur Teil meiner Lebensaufgabe war. Dazu gehörte auch, dass ich anderen Menschen half, sich auf die gleiche Weise mit ihren tierischen Gefährten zu verbinden.

Nach diesen tief greifenden Erfahrungen und Erkenntnissen arbeitete ich immer mehr mit Tieren. Ich ließ mich in einer Rehaklinik zur Veterinärassistentin ausbilden, wurde Tiersitter und arbeitete außerdem ehrenamtlich in Tierheimen. Ziemlich bald begann ich in meiner Eigenschaft als Tierkommunikatorin Kurse anzubieten, um anderen zu helfen, ihre telepathischen Fähigkeiten und ihr Selbstvertrauen wiederzuerlangen, um mit Tieren kommunizieren zu können. Meine Leidenschaft, andere, die sich eine tiefere Verbindung mit ihren tierischen Freunden wünschen, zu lehren und zu unterstützen, hat dazu geführt, dass mittlerweile viele Tausend Menschen an diesen Kursen teilgenommen haben. Ich fühle mich zutiefst geehrt, heute zahlreiche professionelle Tierkommunikatoren und ganzheitliche Tierheiler als Kollegen zu haben, die bei mir ihren Weg als Schüler begannen auf der Suche nach der sowohl magischen als auch wissenschaftlich fundierten Verbindung mit ihren Gefährten.

Mein Engagement für die tiefe emotionale Heilung von Tieren sowie ihren Betreuern war der Antrieb hinter meinem Wunsch, das *Animal Spirit Healing & Education Network* zu gründen. 2006 ins Leben gerufen, ist ASN eine gemeinschaftliche Ausbildungsplattform für die Verbesserung des Lebens von Tiergefährten und ihren menschlichen Besitzern. Um diese Vision zu verwirklichen, werden Vor-Ort-Kurse, Fernlehrgänge und Onlinelernmöglichkeiten im Bereich Tier-Wellness angeboten.

Ich lebe in Pekin, Illinois, mit meiner Tochter und zwei Katzen, Augie und Blinky, und bin in Vollzeit als Tierkommunikatorin und Leiterin von *Animal Spirit Network* tätig. Hier als ein Beispiel unter vielen die Antwort eines Klienten:

Vielen Dank für die freundliche E-Mail und vor allem für die Kommunikation letzte Nacht. Mir fehlen die Worte, um zu beschreiben, was mir diese Momente bedeutet haben und wie sehr ich Ihre Gabe bewundere. Es ist wahrhaftig eine Gabe der Heilung, die ganz offensichtlich direkt von Gott kommt. Diese Art von Arbeit scheint mir heilig und notwendig zu sein. Wir entdecken, wie tief die Verbindungen zwischen allen Lebewesen sind und wie bedeutungsvoll. Außerdem war es offensichtlich, wie sehr die Tiere Ihnen vertrauten;

sie gaben Ihnen so viel und so schnell. Sie hatten völlig recht im Hinblick auf ihre verschiedenen Persönlichkeiten und Energien. Noch einmal vielen Dank. Sie sind auf dem Weg zu außergewöhnlichen Dingen! Ich bin glücklich, einen Teil des Weges mit Ihnen gehen zu dürfen.

Mit großer Liebe
Joanne, Amber, Little Cat und Deva

In meiner Arbeit mit Klienten habe ich festgestellt, dass die Tiere und ich am besten in einer Frage-und-Antwort-Form kommunizieren. Im Allgemeinen ist es effektiver, wenn der Klient im Voraus plant, welche Fragen er seinem vierbeinigen Gefährten während einer Konsultation direkt stellen will. Das hilft, die Session zu erden und sie für alle Beteiligten produktiv zu machen. Eine Reihe von sechs bis neun Fragen hat sich für ein Tier in den meisten Fällen als optimal herausgestellt, und während der Session geben wir genug Raum für zusätzliche Fragen und Themen, die sich aufgrund der Reaktionen und Antworten ergeben.

Die meisten Tiere haben den sehr tiefen Wunsch zu kommunizieren und freuen sich darauf, über zahlreiche Themen zu sprechen, die ihnen am Herzen liegen. Wenn Sie Ihre Fragen vorausplanen, ist es hilfreich, darauf zu achten, dass die wichtigsten Themen zu diesem Zeitpunkt im Verlauf der Session zur Sprache kommen. Auch der Gefährte des Klienten wird viele Gelegenheiten haben, während der Session zusätzliche Themen und Gedanken zu teilen.

Der Name des Tieres, seine Rasse/Beschreibung, sein Geschlecht und sein Alter sind erforderlich für die Session. Fotos sind nicht nötig, doch bei einer Telefonsession ist es hilfreich, für die Konsultation sowie für zukünftige Gespräche ein Foto zu haben, falls zusätzliche Termine vereinbart werden.

Während der Kommunikationssession ziehe ich es stets vor, das Tier zuerst sprechen zu lassen, bevor ich mit den vorbereiteten Fragen weitermache. Dies bietet dem Gefährten des Klienten die Gelegenheit, gleich zu Beginn das anzusprechen, was ihm wichtig ist. Die Übermittlung erfolgt Satz für Satz, damit der Klient die Übersetzung fast gleichzeitig mit der Antwort des Tieres erhält.

WUNDER UND ÜBERRASCHUNGEN

Indem ich offen bleibe für überraschende und tief greifende Heilungen, ist mir aufgefallen, dass zuweilen die kleinsten Nuancen der kosmische Schlüssel sein können, der sowohl für das Tier als auch für den Menschen einen Heilungsbereich erschließen kann. In einer meiner ersten Sessions war ein solcher Schlüssel Vertrauen.

Der Kater Duke begrüßte mich telepathisch, indem er zu Beginn einer Telefonsession mit einem Klienten bellte. Ich verband mich telepathisch mehrmals mit der Quelle dieser unerwarteten Reaktion und dachte, dass es vielleicht mein nächster Hunde-Klient war, der sich zu früh meldete, doch ich empfing weiterhin die gleiche Antwort: Bellen. Ich trat telepathisch zurück und überprüfte mich, um sicherzustellen, dass ich geerdet und neutral war, doch das Bellen ging weiter. Ich richtete das Wort nun an Duke, den Kater. Das Tor der telepathischen Kommunikation öffnete sich, und Duke, eine junge Persönlichkeit mit viel Enthusiasmus und Abenteuerlust, kam durch. Er wollte ein Hund sein, was zum Teil seinen unfreundlichen und frustrierenden Umgang mit den anderen Katzen im Haus erklärte. Duke auf diese Art anzuerkennen trug viel dazu bei, größere Harmonie in seinem Zuhause zu schaffen, da nach der Session die Interaktionen mit den anderen Katzen in der Familie deutlich besser wurden.

Ein großer Teil meiner Arbeit bezieht sich darauf, Menschen mit Tieren in Kontakt zu bringen, deren Zeit auf der Erde sich dem Ende nähert.

Eine meiner Klientinnen, Margaret, hatte mit dem Verlust ihrer langjährigen Hundegefährtin Lady zu kämpfen. Sie erzählte mir Geschichten von ihr und zeigte mir Fotos von ihrem gemeinsamen Leben, und auch Lady wollte an ihren Erinnerungen teilhaben! Sie versicherte Margaret, dass es ihr gut ging und sie von engelsgleicher Unterstützung und Fürsorge umgeben war. Sie beschrieb ihren Aufenthaltsort als eine majestätische Kathedrale mit herrlichen Säulen und Fliesen aus Marmor, einen Ort voller Harmonie und Traditionen. Als Margaret dies hörte, empfand sie es als eindeutige Bestätigung, dass Lady in Sicherheit war und sich an einem Ort spirituellen Friedens befand. Beiden wurde offensichtlich eine schwere Last von den Schultern genommen.

Schließlich kehrte Lady in einem neuen Körper zurück, um erneut die irdische Dimension mit Margaret zu genießen. Es gab eine Zeit vor Ladys Reinkarnation, in der sie andeutete, dass sie als Katze zurückkommen würde, um ein pflegeleichter Gefährte für Margaret zu sein, die mittlerweile pensioniert war. Jedoch veränderten sich die Energien vor ihrer physischen Rückkehr, und Lady beschloss, als sehr munteres und sehr aktives Hundebaby zurückzukommen. Margaret war über alle Maßen entzückt, wieder mit ihrer geliebten Gefährtin zusammen zu sein, die sie Chloe nannte und die ihr Leben durch ihre junge und lebhafte Energie mit neuer Freude erfüllte.

Verloren gegangene Tiere sind ein weiterer Bereich, in dem ich Klienten zu helfen versuche. Es gibt sowohl Schwierigkeiten als auch Belohnungen, wenn man jemandem bei der Suche nach einem verloren gegangenen Gefährten hilft. Im

Laufe der Jahre habe ich eine Methode entwickelt, die mir dabei gute Dienste leistet. Außerdem habe ich festgestellt, dass manche meiner Schüler eine besondere Begabung für das Aufspüren verlorener Tiere haben, die ich nach Kräften unterstütze und fördere.

Bei der Suche nach einem verlorenen Tier führe ich in der Regel zunächst eine 20- bis 30-minütige Session durch. Dies bietet die Gelegenheit, erste Eindrücke im Hinblick auf den möglichen Zustand und den Verbleib des Tieres zu erhalten, und übermittelt energetische Führung im Hinblick auf die Unterstützung darin, den Klienten wieder mit seinem Gefährten zu vereinen. Dieser Arbeitsprozess im Umgang mit verlorenen Tieren entwickelt sich kontinuierlich.

Solche Fälle gehen in der Regel mit ausgeprägten emotionalen Stressfaktoren einher. Daher ist es wichtig, dass das Tier spürt, dass sein menschlicher Betreuer während des Gesprächs geerdet und zentriert ist. Das wird die Kommunikation und die anschließende Suche verbessern.

In einem Fall von Tierverlust machten sich Boise und Clyde, zwei Katzen, die sowohl im Haus als auch draußen lebten, auf zu einem Abenteuer, und das mitten in einem eiskalten Winter in Chicago. Jedes Mal, wenn ich mit ihnen sprach, versicherten sie mir, dass es ihnen gut ging, dass es warm genug war und sie genug Futter fanden. Außerdem würden sie den Weg nach Hause kennen und könnten problemlos dorthin gelangen. Nach einigen weiteren Gesprächen wurde jedoch klar, dass sie darauf warteten, dass sich zu Hause etwas änderte. Ihre Betreuerin Joanne musste einige Veränderungen in ihrem Leben vornehmen, und Boise und Clyde zufolge war ihre anhaltende Abwesenheit als Katalysator gemeint, damit sie endlich etwas unternahm.

Die Katzen waren drei Wochen – eine abschreckend lange Zeit – verschwunden, doch es gab ein eindeutiges Zeichen, wann sie zurückkehren würden. Im Verlauf einer ernsten Diskussion spürte ich nach ungefähr 20 Minuten eine starke energetische Veränderung und vernahm einen Knall, so als würde jemand ein vakuumversiegeltes Glas öffnen. Als ich dies Joanne gegenüber erwähnte, kommunizierten Boise und Clyde, dass sie jetzt heimkehren würden, und beendeten damit die Session. Ich wusste nicht, wie lange es dauern würde, aber siehe da, am darauffolgenden Morgen steckte Boise einen Kopf durchs Fenster, das Joanne für ihre Rückkehr offen gelassen hatte. Er verschwand wieder, aber kurz danach – offensichtlich nachdem Boise Clyde zu verstehen gegeben hatte, dass die Luft rein war – kamen beide hereinstolziert, so als wäre nichts passiert.

ABSCHLIESSENDE GEDANKEN

Mein Rat an Klienten und Schüler lautet: »Vertraut eurer Intuition, hört auf euer Herz und verbringt friedliche Stunden mit euren Tieren, der Natur und mit euch selbst. Ehrt das, was ihr seid, sorgt gut für euch, lasst los und habt Spaß.«

Tiere sehen Ihr Herz; sie schauen jenseits der Dinge, die uns von unserem innersten Kern ablenken. Vertrauen Sie den Tieren als Lehrer und mitfühlende Erinnerungen an die Liebe und Harmonie, die unentwegt verfügbar sind, wenn wir nur innehalten und sie bemerken.

Carol Schultz
www.carolschultz.com

»Was um alles in der Welt machst du mit dieser Katze?!« Das war die Frage, die ich jeden Tag von meinen Eltern hörte, von der Zeit an, als ich ungefähr acht Jahre alt war und mein Dad eine abgemagerte schwarze, halb wilde Katze mit nach Hause brachte, »um mir Gesellschaft zu leisten«. Als einziges Kind sehr beschäftigter Eltern hatte ich mir angewöhnt, mich mit mir selbst zu beschäftigen, indem ich alles zum Thema Tiere las, was ich finden konnte. Ich versteckte mich in meinem Schlafzimmer, umgeben von Sachbüchern.

Eines Tages hatte Dad, der als Bauleiter bei einer Stahlfirma arbeitete, die Aufgabe übernommen, die Katzen eines Kollegen zu füttern, der in Urlaub fuhr. Es waren alle herumstreunende Katzen, lieblos ausgesetzt in dieser rauen Industrielandschaft, wahrscheinlich aus Wohnungen, von denen sie glaubten, sie würden für immer dort bleiben.

Eine schwarze Katze, die ich später Timmy nannte, übte einen starken Eindruck auf meinen Vater aus. Timmy war halb verwildert, und obwohl mein Vater versuchte, ihn zum Essen zu bringen, hatte er meistens keinen Appetit. Irgendwann besorgte Dad sich einen Käfig zum Transportieren und brachte Timmy nach Hause. Ich war hocherfreut, einen Gefährten zu haben, mit dem ich lustige Momente und Geheimnisse teilen konnte. Wir hatten fast auf Anhieb eine Verbindung, doch nach einer Woche mussten wir Timmy zum Tierarzt bringen, weil er drastisch an Gewicht verlor und kaum mehr essen wollte. Nach zahlreichen Untersuchungen im Verlauf der nächsten Tage diagnostizierte der Arzt einen Nierentumor bei Timmy. Er gab ihm eine Spritze und ein paar Pillen und teilte uns mit, dass Timmy höchstens noch drei oder vier Monate leben würde. Außerdem hätte sein bisheriges schweres Leben höchstwahrscheinlich zu seinem Zustand beigetragen. Der Tierarzt bat uns, Timmy in vier Wochen noch einmal vorbeibringen und bis dahin eine Entscheidung zu treffen, was wir zu tun gedachten. Wir brachten Timmy nach Hause. Ich war total am Boden zerstört. Wie konnte ich es zulassen, dass dieser kleine Kerl so leiden musste? Was konnte ich nur tun, um ihm zu helfen? Ich konnte ihn doch nicht einfach sterben lassen! Ohne zu wissen, was ich tat, legte ich Timmy in seinen Korb und setzte mich neben ihn, legte ihm meine Hände auf und fühlte im nächsten Moment eine ungeheuer starke, beinahe pulsierende Energie durch mich hindurchfließen. Timmy fing an, »warm zu werden und zu surren«. Es war wie ein Licht, das man einschaltete. Meine Mom sah mich an und dachte offensichtlich, dass mein Tun, gelinde ausgedrückt, seltsam war, für mich jedoch fühlte es sich ganz normal an. Ich berührte Timmys kleinen Körper ungefähr zehn Minuten lang sanft mit den Händen, bis ich sah, dass er einen beinahe heiteren Gesichtsausdruck hatte, und dann streichelte ich ihn vom Kopf bis zum Schwanz.

Jeden Tag nach der Schule rannte ich nach Hause und berührte Timmys Körper lange mit den Händen und streichelte ihn dann; heute weiß ich, dass das eine Art Heilarbeit war. Nach ungefähr einer Woche merkte ich, dass es Timmy langsam besser ging; er hob den Kopf, zeigte Interesse an seinem Futter und begann wieder zu essen; er fing sogar an, mit Wollfäden zu spielen, die ich für ihn über den Boden zog. Tatsächlich begann er, sich wie eine normale, gesunde Katze zu verhalten! Vier Wochen vergingen, und als der Tierarzt bei unserem vereinbarten Termin meinen kleinen Freund knuffte und stupste, um zu sehen, wie er reagieren würde, nahm sein Gesicht einen ausgesprochen verblüfften Ausdruck an. »Ich würde gerne noch ein paar weitere Tests machen«, sagte er. Angesichts der Testergebnisse meinte der mittlerweile ziemlich verwirrte Tierarzt, dass der Tumor, der bei der letzten Untersuchung die Größe einer Mandarine hatte, nun nur noch erbsengroß war. Wie war das möglich? Der Tierarzt sagte, dass er so etwas noch nie erlebt hatte, und konnte uns keine Erklärung bieten. War es die Spritze bei unserem ersten Besuch bei ihm gewesen? Waren es die Schmerztabletten, die wir ihm zwei Wochen lang gegeben hatten? War es die Energie, die ich gechannelt hatte? Ich kann es wirklich nicht sagen, ebenso wenig wie der Tierarzt damals. Doch eins weiß ich mit Sicherheit, und zwar dass Timmy noch weitere acht Jahre lebte und schließlich im Alter von 16 Jahren über die Regenbogenbrücke ging!

Bevor wir Timmy hatten, ich war damals ungefähr vier Jahre alt, erinnere ich mich daran, dass meine Mutter mir oft sagte, dass sie auf unserem Weg zum Kindergarten die Katzen verscheucht hatte, die auf den Zäunen und Gartentoren saßen, damit sie mir nicht folgten. Außerdem erinnere ich mich an eine Situation, als sie sich verspätet hatte – ich war damals neun – und ich am Schuleingang auf sie wartete, nachdem alle anderen Kinder bereits nach Hause gegangen waren. Neben mir saßen ein Dalmatiner, von dem ich später erfuhr, dass er Jason hieß, und ein Border Collie namens Dilly. Es war, als wüssten die Hunde, dass meine Mom sich verspätet hatte, und wollten dafür sorgen, dass ich in Sicherheit war. Zudem war ich fast immer diejenige unter meinen Freundinnen, die lieber den Hund der Nachbarn Gassi führen wollte, als mit Puppen zu spielen.

Als ich mit der Schule fertig war, ging ich direkt aufs College, um BWL und Finanzwesen zu studieren, und arbeitete anschließend im Sozialbereich. Der Job brachte mir nicht viel, und der damit einhergehende Stress führte dazu, dass ich im Alter von nur 24 Jahren einen leichten Schlaganfall erlitt. Ich war im Urlaub, und es war mein erster Hochzeitstag. Ich lehnte jegliche Medikamente ab, obgleich der Arzt mich warnte, dass ich sehr wahrscheinlich innerhalb der nächsten sechs Monate einen weiteren Schlaganfall bekommen würde. Ich beschäftigte mich mit diversen ganzheitlichen Heil- und Genesungsmethoden und versäumte es auch nicht, nach innen zu schauen. Jeden Tag führte ich Selbstheilungssessions durch, meditierte und visualisierte, und außerdem erhielt ich regelmäßig Fußreflexzonenmassagen und Reiki-Behandlungen. Als ich meinen Körper geheilt hatte und mich innerlich stärker fühlte, kam ich zu dem Schluss, dass der Schlaganfall ein Wendepunkt in meinem Leben war, und beschloss, mir einen anderen Beruf zu suchen, sehr zum Missfallen einiger Familienmitglieder. In den nächsten acht Jahren ließ ich mich in verschiedenen ganzheitlichen Heilmethoden und in psychologischer Beratung ausbilden. Darüber hinaus trainierte ich zwei Jahre lang Reiki-Heilung und wurde Reiki-Meister-Lehrerin. Das war vor 14 Jahren.

In den Jahren zwischen zwanzig und dreißig konnte ich aufgrund meiner Tagebuchaufzeichnungen sehen, dass ich fast ebenso viele Tiere wie Menschen als Patienten hatte. Ich arbeitete mit sehr unterschiedlichen Tieren, von Pferden, Hunden, Katzen und anderen Haustieren bis zu Lamas, Alpakas, Schlangen und sogar Zwergaffen! Meine Bekanntheit als Heilerin verdankte ich ausschließlich Mundpropaganda, und bald reiste ich durch ganz England, um mich um Tiere und ihre menschlichen Gefährten zu kümmern. Man gab mir viele Namen und Titel – spirituelle Meisterin, Tier- oder Katzenflüsterin, Guru, Tiervisionärin und sogar Mrs. Doolittle – aber im Grunde tat ich einfach nur das, was ich liebte.

Meditation half mir enorm bei meiner Genesung, und dabei empfing ich wunderbare inspirierende Botschaften und Führung, denen ich entnahm, dass ich Wissen an andere Menschen weitergeben musste, um meine Arbeit zu beschreiben und zu überprüfen. Ich musste eine Möglichkeit finden, das in Worte zu fassen, was ich vom Herzen her tat, und anderen helfen, sich diese großartige Energie in ihrem Inneren nutzbar zu machen. Im Jahre 1998 wurde mir etwas zuteil, was ich nur als »ein Erwachen« beschreiben kann, und ich wusste, dass dies der Weg war, den ich einschlagen musste.

In meinem Herzen wusste ich, dass viele Menschen diese tiefere Verbindung mit ihren Tieren erleben – und nicht nur mit ihren Tieren, sondern mit dem ganzen Tierreich – und erkennen wollten, dass sie von diesen Wesen nicht getrennt waren. Also arbeitete ich drei Jahre lang daran, einen professionellen Trainingskurs zur Tierheilung zu entwickeln. Daraus entstanden dann die *Animal Magic*©-Heilungskurse. Zwei weitere Jahre waren nötig, um den Lehrplan versicherungstauglich zu machen, und heute sind meine Kurse und Seminare für Interessenten voll und ganz versicherungsfähig, sodass sie Teil dieser magischen Welt der Tierheilung werden können. Ich sage meinen Schülern immer, dass selbst dann, wenn sie nicht so wie ich als Tierheilerin tätig sein wollen, der Kurs ihnen helfen wird, ein durch und durch magischer Mensch zu werden!

Bei der Erfüllung meiner Lebensaufgabe habe ich das Vergnügen, die unterschiedlichsten Menschen zu lehren, unter anderem Pferdetrainer, Tierarzthelferinnen, Doktoranden, ehrenamtliche Helfer in Tierrettungszentren und sogar eine 82-jährige Frau! Ich habe Leute unterrichtet, die ihre Anwaltstätigkeit aufgaben, und es gab sogar Polizisten, die sich von mir zu professionellen Tierheilern ausbilden ließen. Zurzeit bin ich damit beschäftigt, eine Heilungspraxis nur für Tiere aufzubauen – die erste ihrer Art im Osten Englands.

Ich glaube, dass jeder Mensch wunderbare Dinge im Bereich der Tierheilung leisten kann. Sie müssen kein »Talent« besitzen; wir alle haben dieses Talent – wir müssen lediglich einen Teil in uns anzapfen, der seit so langer Zeit schlummert. Heilung ist ein Wiedererwachen der Seele. Es bedeutet, zu lernen, unserer Seele und unserer Intuition zu vertrauen. Außerdem bedeutet es, daran zu glauben, dass wunderbare Dinge möglich sind. Ich habe seit jenem ersten Mal, als ich vor 30 Jahren Timmy geholfen habe, gesund zu werden, einige Situationen erlebt, die nahezu an Wunder grenzten.

In meiner Arbeit als professionelle Tierheilerin halte ich mich strikt an den Verhaltenskodex und die ethischen Grundsätze beim Umgang mit Tieren. Außerdem arbeite ich im Rahmen des Tierschutzgesetzes, das unter anderem die Befolgung von strengen Gesundheits- und Sicherheitsrichtlinien beinhaltet.

Bei einem Erstbesuch befrage ich den Tierhalter ausführlich zur Krankengeschichte, zu Tierarztbesuchen und Details im Hinblick auf die Vorgeschichte des Tieres etc. Sobald ich ein harmonisches Verhältnis sowohl zu dem Besitzer als auch zu dem Tier aufgebaut habe, nehme ich Kontakt zu dem Tier auf mittels unterschiedlicher Methoden, zum Beispiel Aufspüren mit der Wünschelrute, Scannen und Erspüren von Energie. Dann fange ich an, das Energiefeld anzuzapfen, indem ich eine Reihe von Handpositionen anwende. Im Verlauf der Sitzung besteht jederzeit die Möglichkeit, Farben, Licht, Klänge, Mantras, Mudras, Heilungssymbole und intuitive bzw. Reiki-Heilung einzusetzen. Wenn ich die Körpersprache meines Patienten beachtet habe, beende ich die Behandlung damit, dass ich die Energie in der Aura erde und anschließend dem Betreuer des Tieres Informationen und intuitive Einsichten mitteile, die ich gewonnen habe. Es ist jedoch wichtig zu wissen, dass ich keine Krankheiten diagnostiziere. Diese Informationen nach erfolgter Heilung stellen für den Tierbetreuer häufig eine große Überraschung dar, denn die von mir gedeuteten Informationen sind oft tief greifend und recht bewegend, weil Tiere während ihrer Heilung auf vielen Ebenen mit mir kommunizieren.

Wie das Tier auf die Heilung reagiert, entscheidet darüber, wie viele weitere Besuche erforderlich sind. In der Regel genügen vier bis fünf Behandlungen bei körperlichen Erkrankungen, während emotionale oder Verhaltensprobleme zusätzliche Sitzungen erfordern können, da häufig eine Heilung auf einer tieferen Ebene nötig ist, um eingefleischte Denkmuster und negative oder selbstzerstörerische Verhaltensweisen aufzulösen.

Wenn ich mit Pferden arbeite, habe ich oft das Gefühl, mit einer gleichgearteten Seele zu kommunizieren. Das mag sich ungewöhnlich oder gar befremdlich anhören, doch Pferdeenergie ähnelt der Energie des Menschen – empfindlich, intelligent und bewusst. Zudem reagieren Pferde auf unsere Körpersprache, was sich stark auf ihr Verhalten auswirken kann. In den meisten Fällen habe ich den Besitzer sowie das Pferd zusammen in einer Sitzung behandelt und dabei Tipps geben können, wie der Betreuer das Energiefeld durch seine Verbindung mit seinem Pferd auf subtile und zugleich umfassende Weise beeinflussen kann.

Es ist wichtig, auf Pferde zu hören. Pferdeenergie kann uns unendlich viel zeigen und lehren.

Ein ruhiger und entspannter Geist ist die Voraussetzung für eine tiefere Verbindung zu unseren Tiergefährten. Darüber hinaus muss jeder Gedanke, dass Tiere weniger bedeutende Geschöpfe sind, beiseitegewischt werden. Tiere sollten geliebt und versorgt werden, wenn wir unser Leben mit ihnen teilen wollen.

Tiere stehen auf keinen Fall unter uns. Sie sollten weder verfolgt noch für finanzielle Zwecke benutzt werden oder einen vorzeitigen Tod erleiden oder für den menschlichen Verzehr geschlachtet werden. Wenn Sie eine tiefere Verbindung entwickeln wollen, denken Sie bitte eine Weile über den obigen Satz nach, da dies gründliches Nachdenken und Mitgefühl verdient.

Wenn uns die bedingungslose Liebe eines Tieres zuteilwird, kann dies unsere Persönlichkeit tief greifend beeinflussen. Katzen ist es egal, wie wir aussehen oder ob wir zugenommen haben. Hunde kümmert es nicht, welches Chaos in unseren Küchenschränken herrscht, und Pferde verschwenden mit Sicherheit keinen Gedanken daran, welches Modeaccessoire der letzte Schrei ist. Ihre Verbindung mit uns ist tief und dauerhaft. Wir können diese bedingungslose Liebe und Energie erschließen, indem wir ihnen einfach unsere Hände auflegen, ihre Energie spüren und ein Teil davon werden. Achten Sie darauf: Fühlen Sie Wärme oder Kälte oder ein prickelndes Gefühl? Fangen Sie Wörter, Bilder, Sätze oder Liedzeilen auf, wie ich es häufig erlebe? Wenn Sie diesen ersten Kontakt herstellen, ist es wichtig, über diese Gefühle und Eindrücke nicht einfach hinwegzugehen, denn wir arbeiten hier mit der Intuition und nicht mit dem linken, dem logischen und wissenschaftlichen Teil des Gehirns. Bei der Heilung arbeiten wir mit dem, was unsere Ahnen jahrhundertelang genutzt haben – Absicht, Gewahrsein und der Überzeugung, auf vielen Ebenen positive Veränderungen herbeiführen zu können.

Ich fühle mich zutiefst gesegnet, etwas zu lernen und zu lehren, wofür ich – so glaube ich – auf diese Erde gekommen bin: um als professionelle Tierheilerin zu arbeiten. Auf meiner Lebensreise habe ich persönliche Kämpfe ausgefochten, doch die Segnungen haben jegliche Widrigkeiten bei Weitem übertroffen. Ich bin einigen wundervollen Seelen begegnet, sowohl Tier- als auch Menschenseelen, die eine wichtige

Rolle in meiner Vergangenheit und Gegenwart gespielt haben beziehungsweise spielen und auch in meiner Zukunft spielen werden. Ihnen gilt mein größter Dank. Ich stehe für alle Zeiten in der Schuld jenes abgemagerten, schwarzen, halb wilden Katers namens Timmy, dem ich es zu verdanken habe, dass ich heute meinen Traum leben kann.

Danke, Timmy, du hast mich so viel gelehrt, du hast dein Herz und deine Seele mit mir geteilt, du bist für immer mein geistiger Führer.

Niki Senior
www.ukanimalhealer.co.uk

Dies sind professionelle Tierkommunikatoren, doch manche Menschen – wie zum Beispiel Tracy, deren Geschichte unten folgt – besitzen eine natürliche Gabe, die sie einfach auf eine persönliche und sanfte Weise benutzen.

Ich habe von frühester Kindheit an Tiere geliebt. Mein erstes Haustier bekam ich allerdings erst, als ich in der Grundschule war, doch meine Großeltern hatten Hunde und Katzen. Meine Mutter sagte, dass sie mich als Baby mit zu meinen Großeltern genommen und mich zum Schlafen in ihr Bett gelegt hatte. Wenn ich weinte, bellte Caesar, der Boxer meines Großvaters, meine Mutter an, bis sie aufstand und ins Schlafzimmer kam, um nach mir zu sehen. Caesar und Sandy, der gelbe Labrador, passten immer auf mich auf, als ich heranwuchs. Sie waren beide unglaublich sanft, und ich liebte sie über alles.

Meine Mutter sagte, dass ich als kleines Kind immer alle Hunde und Katzen streichelte und dass sie manchmal Angst hatte, wenn sie sich umdrehte und sah, wie ich einen großen Hund streichelte. Sie sagte, dass ich von Glück reden konnte, nie gebissen worden zu sein. Ich hatte nie Angst vor Tieren und glaube, dass ich nie gebissen wurde, weil ich sie liebte und sie es wussten. Ich kann mich erinnern, dass wir, als ich drei oder vier Jahre alt war, in den Knole Park gingen und ich zu einem Reh und einem großen Hirsch lief, um sie zu streicheln. Ich habe ein Foto von mir und dem Hirsch.

Ich hatte eine Menge ähnlicher Erlebnisse, doch das interessanteste war in einem Rettungszentrum für Wildtiere, wo ich ungefähr zwei Jahre arbeitete.

Meine Aufgabe bestand unter anderem darin, beim Füttern zu helfen und die Käfige der kranken Wildtiere zu reinigen. Man brachte uns außerdem viele Vögel und Küken. Wenn ich mich um diese Tiere und Vögel kümmerte, überkamen mich Gefühle und ich wusste, ob ein Tier überleben würde oder nicht. Meine Gefühle waren immer richtig, und es war traurig, wenn ich wusste, dass ein Tier sterben würde; doch wenn ich wusste, dass es leben würde, war das ein solch tolles Gefühl.

Ein ganz besonders intensives Erlebnis hatte ich, als ein ungefähr drei Monate altes Dachsjunges in unser Krankenzimmer eingeliefert wurde. Es befand sich in sehr schlechter Verfassung. Ich war zwar nicht für das Junge zuständig, denn Dachse dürfen nur von einer Person versorgt werden, weil sie sonst zu stark von Menschen geprägt werden. Aber ein anderer Tierpfleger sagte mir, dass der kleine Dachs weder essen noch trinken wollte und sie nicht glaubten, dass er die Nacht überleben würde. Als ich später allein im Krankenzimmer war, kniete ich mich neben das Dachsjunge in seinem offenen Käfig und begann mit ihm zu reden, und langsam kam es zu mir herüber. Es sah wirklich erbärmlich aus, und ich tauchte meine Hand in seine Wasserschüssel. Der Kleine kam dicht an meine Hand heran, leckte das Wasser ab und trank dann ein wenig aus seiner Schüssel. Ich sagte dem Dachs: »Du armes Ding. Du musst wieder gesund werden.«

Nachts, als ich zu Hause schlief, wachte ich plötzlich auf. Ich hatte ein warmes, aber gleichzeitig unwohles Gefühl im Bauch. Ich wusste, dass der Dachs seinen Krisenpunkt erreicht hatte. Ich sagte: »Bitte sei okay!«, und schlief wieder ein. Als ich morgens aufwachte, fragte ich mich gleich, ob der Dachs wohl noch am Leben war. Im Wildtiercenter ging ich sofort in das Krankenzimmer. Meine Chefin war da und sagte, sie freue sich sehr, dass es dem jungen Dachs besser ging. Sie konnte es kaum glauben, da sie so sicher gewesen war, dass der Kleine nicht genug Kraft hatte, um die Nacht zu überleben. Auch ich war überglücklich, aber trotzdem erzählte ich niemandem, was mir in der Nacht passiert war, und verlor auch nie ein Wort über meine anderen Gefühle in Bezug auf die kranken Tiere. Heute bin ich 38 Jahre alt und ganz vernarrt in Katzen. Ich habe zwei Burma-Katzen, die ich über alles liebe.

Nachwort

Mein abschließender Rat ist: Wenn Sie Ihren Haustieren näherkommen wollen, sollten Sie als Erstes dafür sorgen, genügend Zeit in Ihrem Terminplan freizuhalten, um mit ihnen allein ruhige Augenblicke zu erleben. In unserem Hamsterradleben nehmen wir uns oft gerade so viel Zeit, um die Aufgaben zu erledigen, die unsere Haustiere uns auferlegen – Käfige säubern, Bürsten, Füttern etc. Vergessen Sie nie, dass Energie beweglich ist und sich überträgt, und wenn Ihre Energie im Umgang mit Ihren tierischen Freunden immer hektisch ist, werden sie nicht in der richtigen Gemütsverfassung sein, sich auf einer tiefen Ebene mit Ihnen zu verbinden. Tiere im Allgemeinen, und mit Sicherheit die meisten kleinen Tiere, leben im Vergleich zum Menschen nicht sehr lange – zumindest nicht in einem Leben –, und die Jahre werden wie im Flug vergehen, also vergeuden Sie diese kostbare Zeit nicht.

Nehmen Sie sich einfach gelegentlich Zeit, ruhig dazusitzen und Ihrem Haustier innerlich Fragen zu stellen, wenn es ruhig genug ist. Und seien Sie empfänglich für eine Antwort. Wenn Sie zunächst nur nach weniger wichtigen Dingen fragen, die leicht nachprüfbar sind, etwa »Möchtest du deinen Ball holen?« oder »Möchtest du etwas trinken?«, und Ihr Tier dies zu bejahen scheint, dann lassen Sie es mit einem Gedanken los und achten Sie darauf, ob es diesen Vorschlag in Angriff nimmt.

Der nächste Schritt wäre, Ihr Haustier zu fragen, was es gern tun möchte, und zu sehen, ob Sie eine Antwort erhalten. Wenn ja, lassen Sie es gedanklich wieder los und geben Sie acht, ob es das tut, woran Sie gedacht haben. Manche Tiere arbeiten mit Farben – auch wenn andere Menschen

Ihnen sagen werden, dass Tiere überhaupt keine Farben sehen können. Wenn Sie Ihr Tier zum Beispiel fragen, ob es Schmerzen hat, kann es sein, dass es Ihnen die Farbe Rot für ein »Ja« zeigt oder Grün für ein »Nein«. Fangen Sie mit einfachen Dingen an … und bauen Sie darauf auf.

Erforschen Sie die Denkweise Ihres Haustieres und entwickeln Sie Ihre eigene Sprache. Und schon bald werden Sie richtige Unterhaltungen mit Ihrem Haustier führen können.

Danksagung

Dieses Buch ist allen Pferden, Hunden, Katzen, Hühnern, Enten, Kaninchen und diversen wild lebenden Vögeln und Tieren gewidmet, die mein Leben durch ihre Gegenwart beehren und mich mehr lehren, als es eine normale Schule jemals vermöchte.

Mein jetziger Hund, KC, hatte einen maßgeblichen Einfluss auf die Zusammenstellung dieses Buches.

Mein Ehemann und bester Freund Tony war mir, wie immer, ein zuverlässiges Sounding Board.

Natürlich danke ich auch den Verlag Hay House für sein fortdauerndes Vertrauen in mich.

Zudem möchte ich gerne Bonnie Whitecloud, Koordinatorin des Manatake American Indian Council, dafür danken, dass sie mir die Erlaubnis verschaffte, die weisen Zitate von Grandfather Lee Standing Bear Moore in diesem Buch wiederzugeben. Das bedeutet mir sehr viel.

Und zuletzt möchte ich Brian May danken, der nicht nur eine musikalische Legende in den Augen der Welt ist, sondern eine großzügige Legende für mich persönlich und für all die Tiere, denen zu helfen er nie müde wird.

Buchempfehlungen

Allen und Linda Anderson, *Angel Dogs* (Penguin, 2009)

Paul Gallico, *Thomasina* (Penguin, 1964) (dt.: *Thomasina oder Die rote Lori*, Rowohlt 1965)

Jenny Smedley, *Forever Faithful* (O Books, 2009)

Jenny Smedley, *Pets Have Souls Too* (Hay House, 2009) (dt.: *Tiere: Gefährten meiner Seele; ein Trostbuch für alle, die einen geliebten Tierfreund verloren haben*, Aquamarin Verlag 2010)

Jackie Weaver, *Animal Talking Tales* (Local Legend Publishing, 2010)

Madeleine Walker, *The Whale Whisperer* (Findhorn Press, 2011)

Ressourcen

Penelope Smith hat mir die Erlaubnis erteilt, ihren Ethik-
kodex hier einzufügen, an den sich meiner Meinung nach
alle Tierkommunikatoren halten sollten:

ETHIKKODEX FÜR ARTÜBERGREIFENDE
TELEPATHISCHE KOMMUNIKATOREN

Verfasst von Penelope Smith im Jahre 1990
www.animaltalk.net

Die Motivation für unsere Arbeit ist Mitgefühl für alle Lebewesen und der Wunsch, allen Spezies zu helfen, einander
besser zu verstehen, und vor allem dazu beizutragen, die
dem Menschen verloren gegangene Fähigkeit wiederherzu-
stellen, ungehindert und direkt mit anderen Spezies zu kommunizieren.

Wir ehren alle, die uns um Hilfe ersuchen; weder werten,
verurteilen noch meiden wir sie wegen ihrer Fehler oder ihrer
Missverständnisse, sondern ehren ihren Wunsch nach Veränderung und Harmonie.

Wir wissen, dass wir aufgefordert sind, kontinuierlich spirituell zu wachsen, um diese Arbeit so rein und harmonisch
wie möglich zu gestalten. Wir sind uns bewusst, dass die
telepathische Kommunikation getrübt oder von unseren un-
erfüllten Emotionen, kritischen Urteilen oder einem Mangel
an Liebe für uns selbst und andere überlagert sein kann. Wir
gehen unseren Weg in Demut und Bescheidenheit, bereit,
unsere Fehler im Verständnis der Kommunikation anderer
(Menschen wie auch nicht menschlicher Lebewesen) zu erkennen und zu korrigieren.

Wir kultivieren unser Wissen und Verständnis von der Dynamik menschlicher, nicht menschlicher und artübergreifender Verhaltensweisen und Beziehungen, um die Resultate unserer Arbeit zu optimieren. Wir kümmern uns um Weiterbildung und/oder darum, persönliche Hilfe in Anspruch zu nehmen, die wir brauchen, um unsere Arbeit effektiv, mit Respekt, Mitgefühl, Freude und Harmonie zu verrichten.

Unser Anliegen ist es, das Beste in jedem hervorzuholen und das Verständnis im Hinblick auf eine für alle Beteiligten nützliche Lösung von Problemen zu verbessern. Wir werden nur aktiv, wenn wir um Hilfe gebeten werden, denn in diesem Fall sind andere aufgeschlossen und wir können wirklich helfen. Wir respektieren die Gefühle und Gedanken anderer und arbeiten für ein artübergreifendes Verständnis, indem wir nicht eine Seite gegen die andere ausspielen, sondern Mitgefühl mit allen hegen. Wir akzeptieren die Dinge, die wir nicht ändern können, und setzen dort an, wo unsere Arbeit die größte Wirkung entfalten kann.

Bei unserer Arbeit respektieren wir die Privatsphäre von Menschen und ihren Tiergefährten und achten ihren Wunsch nach Vertraulichkeit.

Während wir unser Bestes tun, um zu helfen, gestehen wir anderen ihre eigene Würde zu und unterstützen sie darin, ihren Tiergefährten zu helfen. Wir fördern das Verständnis und die Fähigkeit bei anderen, statt sie in Abhängigkeit von unseren Fähigkeiten zu bringen. Wir bieten Menschen Möglichkeiten an, wie sie ihre Gefährten aus anderen Spezies besser verstehen und wie sie sich gemeinsam weiterentwickeln können.

Wir erkennen unsere persönlichen Grenzen an und suchen, wenn nötig, die Hilfe anderer Fachleute. Es ist nicht unsere Aufgabe, Krankheiten zu benennen und zu behandeln, und wir verweisen Klienten zur Diagnose körperlicher

Erkrankungen an Tierärzte. Wir können aber die Gedanken, Gefühle, Schmerzen, Symptome eines Tieres, wie sie von ihm beschrieben werden oder wie wir sie wahrnehmen, an den Tierarzt weitergeben, was für ihn nützlich sein kann. Wir können die Heilung durch Stressbehandlung, Beratung und andere sanfte Heilungsmethoden unterstützen. Wir überlassen den Klienten anhand aller uns verfügbaren Informationen die Entscheidung, welche Maßnahmen sie treffen wollen, um die Beschwerden, Krankheiten oder Verletzungen ihrer Tiergefährten zu behandeln.

Das Ziel eines jeden Beratungsgesprächs, jeden Vortrags, jeden Workshops und einer jeden Erfahrung zwischen den Spezies besteht darin, zu einem höheren Maß an Kommunikation, Harmonie, Mitgefühl, Verständnis und Gemeinschaft unter allen Lebewesen beizutragen.

Wir folgen unserem Herzen und ehren den Geist und das Leben aller Lebewesen als das Eine.

Gehen Sie auf *www.save-me.org.uk* – wenn Sie sich für die Notlage von Tieren interessieren, können Sie hier meinen Freund Brian May in seinem Anliegen unterstützen.

Tierkommunikatoren
in Deutschland

www.tierkommunikationen.de
www.tiermedium.de

Links zu Videos

Und hier noch einige Links zu Videos, die Ihnen Freude
machen und Sie vielleicht verblüffen werden:

- www.youtube.com/watch?v=DgjyhKN_35g&feature=related – Hund auf der Autobahn
- www.youtube.com/watch?v=LU8DDYz68kM – Wasserbüffeljunges und Löwen
- www.youtube.com/watch?v=cBtFTF2ii7U – Elefant und Hund
- www.youtube.com/watch?v=d30RUgAZz1E&feature=channel – Hund und Löwe
- www.youtube.com/watch?v=orFHJVaSIUE&feature=related – Affe und Katzenbaby
- www.youtube.com/watch?v=LAFHxgbybVw&feature=related – Schwein und Tigerbabys
- www.youtube.com/watch?v=9YO3aXwDr00 – Wiederbelebungsversuch einer Katze
- www.wired.com/wiredscience/2010/04/chimpanzee-grief – trauernder Schimpanse
- www.news.nationalgeographic.com/news/2005/01/04_050104_tsunami_animals_2.html – Bericht über Tiere beim Tsunami 2004

Über die Autorin

Jenny Smedley, DPLT, lebt im wunderschönen Somerset, England. Sie ist seit 41 Jahren glücklich verheiratet und ausgebildete Reinkarnationstherapeutin, Autorin, Moderatorin und Gast bei Radio und Fernsehen, internationale Kolumnistin und spirituelle Beraterin mit den Spezialgebieten vergangene Leben und Engel. Außerdem ist sie intuitive Tierheilerin und Baumkommunikatorin. Sie lebt mit ihrem Ehemann Tony, einem spirituellen Lehrer, und ihrem reinkarnierten Springador KC zusammen.

Ihr heutiges Leben erfuhr eine große Veränderung, als sie eine Vision von einem ihrer früheren Leben hatte, in dem sie den Mann kannte, der heute als der Countrysänger Garth Brooks bekannt ist. Probleme, die mit diesem Leben zu tun hatten, wurden binnen weniger Sekunden aufgelöst. Zwei Jahre lang moderierte sie ihre eigene spirituelle TV-Talkshow auf Taunton TV und interviewte Gäste wie David Icke, Reg Presley, Uri Geller und Diana Cooper.

Jenny selbst trat in vielen Fernsehshows in Großbritannien, Irland, den USA und Australien auf, unter anderem in *The Big Breakfast, Kelly, Open House, The Heaven and Earth Show, Kilroy und Jane Goldman Investigates*. Außerdem wirkte sie in Hunderten von Radiosendungen mit wie *The Steve White Show* auf BBC Radio 2 und *The Richard Bacon Show* auf BBC Five Life als auch in den USA, der Karibik, Australien, Neuseeland, Tasmanien, Island, Spanien und Südafrika. Sie schreibt regelmäßig Kolumnen für fünf Magazine in drei Ländern.

Und hier ein paar aktuelle Pressestimmen über Jenny Smedley:

The Daily Mail: »Weltbekannt«.

The Daily Express: »Einzigartiges Verhältnis zur Welt der Natur«.

The Sunday Times Style Magazine: »Ein globales Phänomen«.

Jenny würde gerne Geschichten über Ihre geliebten Tiere hören. Bitte nehmen Sie zu diesem Zweck E-Mail-Kontakt mit der Autorin unter *author@globalnet.co.uk* auf, und vielleicht wird Ihr Liebling in einem ihrer zukünftigen Bücher verewigt.

www.jennysmedley.com

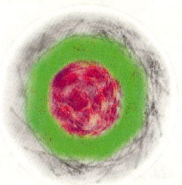

Der Super-
bestseller aus
Brasilien

AUGUSTO CURY
Der Traumhändler
272 Seiten
€ [D] 16,99 / € [A] 17,50
sFr 23,90
ISBN 978-3-7934-2231-0

Was wäre, wenn jemand uns heute
die christliche Botschaft vorlebte – würden
wir ihm folgen? Ein geheimnisvoller Mann
streift durch die Straßen der Großstadt
und verkauft Träume an Menschen, die es
längst nicht mehr wagen zu träumen.
Ein Betrüger? Ein Psychopath? Ein Weiser?
Ein Philosoph?

Heilen mit den Farben der Engel

DARSHO M. WILLING
Die Farben der Engel
Das Licht der 14 Strahlen
272 Seiten
€ [D] 18,00 / € [A] 18,50
sFr 24,90
ISBN 978-3-7934-2170-2

Das Buch stellt die unterschiedlichen Engel des Lichts vor und beschreibt, wie man sie kontaktiert, mit ihnen arbeitet und ihre Farben für sich selbst und andere zur Heilung einsetzt. Es ergänzt die Visualisations- und Orakelkarten »Farben der Engel«, kann aber völlig unabhängig davon gelesen und genutzt werden. Die Autorin hat von jedem der Engel eine zentrale Botschaft empfangen, die sie an ihre Leser weitergibt.

Lebenshilfe kompakt

RENATO MIHALIC
Das Geheimnis der Mujas
Meditationen für ein
neues Bewusstsein
160 Seiten
€ [D] 8,99 / € [A] 9,30
sFr 12,50
ISBN 978-3-548-74549-7

Die altägyptischen Mujas sind spezielle Kombinationen von Finger- und Handstellungen sowie Akupressurpunkten, die verschiedene energetische Systeme miteinander verbinden. Sehr leicht und überall sofort anwendbar, verhelfen diese Werkzeuge dem Menschen zu mehr Klarheit und Wohlsein. Darüber hinaus unterstützen sie ihn, sich feiner auf sich selbst auszurichten, sich dem »Jetzt-Augenblick« hinzugeben und neue Lösungen zu finden.